僕の自慢のヤバい家族
の常識を捨てたら
みんなの笑顔が増えました
JN017752

はじめに

どうも、初めまして。「森ケの日常」というアカウント名で、日常をＳＮＳに上げて活動している家族です。

僕たち家族は今のところ**男三、女三、ジェンダーレス一、の七人＋チワワ**でやらせてもらっていて、視聴者の皆さんからは「ぶっ飛んでる」「頭おかしい」「近所迷惑」「動物園」「破壊ファミリー」「口悪」などと愛のある言葉を頂戴しています。そんな**ヤバい家族の父親で森ケのパパ**です。以後、お見知りおきを。

まずは「森ケの日常」の始まりについてお話ししたいと思います。

二〇二〇年六月、コロナ禍で学校が休みになって、娘二人（長女と次女）はずっと家で暇を持て余していました。コロナ禍というマイナスの期間をプラスに変えられないかなとひたすら考えていた僕はひらめきました。

僕は思いついたらすぐに行動したいタイプなので、一階の自室から、手すりを握りながら階段を二段飛ばしで駆け上り、ダッシュで娘たちのところまで行って、運動会の選手宣誓ばりの声量で「おいお前らぁぁ！　ＴｉｋＴｏｋ撮ろうぜぇぇ！」と叫びました。

というのも、長女（通称：娘）には小さい時から「有名になりたい」という夢があったからです。ダンスをしたり、おもしろエピソードをみんなの前で喋ったりして周りを楽しませるやつで、ＴｉｋＴｏｋが流行る前の二〇一七年頃からダンス動画を投稿していました。

「有名になるのをパパが手伝うから、ＴｉｋＴｏｋのダンス教えてくれ」と言って、そのままＴシャツにパンツ一丁のままダンス動画を撮ったのが二〇二〇年六月の初投稿です（ホンマにパンティなので動画を見てきてください）。

一家の主（あるじ）がパンツ一丁でその姿を動画投稿したり、テレビを壊されたり、晩ご飯で部屋がぐちゃぐちゃになったりと、むちゃくちゃな家族ですが、現在では全部のＳＮＳを合わせて、累計四百万人（二〇二四年四月現在）というたくさんの方からフォローしていただいています。

そして、そんな奇妙で下品でむちゃくちゃな家族をフォローしている変わったフォロワーの皆さんからは、「森ケに元気もらってます」とか「森ケが生きがいです」とか「パパカッコいい、イケメン、愛してる、山﨑賢人なんじゃない？」とか言ってもらっています。

「どうしたら子どもたちとそんなに仲よくなれるの？」「森ケの子どもに生まれたい」「どんな子育てをしてるんですか？」「森ケを見て子育てが楽になった」のようなメッセージもたくさんいただく中で、**森ケの当たり前は皆さんの当たり前ではないんじゃないか**と思うようになり、たまたまKADOKAWAさんから本の出版のお話をいただきまして、偉そうなことは言えませんが、考えをまとめてみることにしました。

僕たちは、もちろん視聴者さんに向けて喋ったり、ボケたりもしますが、動画だからといって見え方を考えることはなく、日常のまま、ありのままを公開しています。

僕なんて、ラ・フランス（洋梨）がたくさん散りばめられたパンティで動画に出たりして、ママの母ちゃんから「お願いだからズボンくらい履かせて」とママにLINEが届くくらい自然体です。

どんな子育ての専門家や家族関係の評論家でも、森ケみたいに動画に残して発信している人はあまりいません。綺麗事やテクニックを語ることは誰でもできますが、実際それを家で本当にやっているのか分からないし、子どもたちがどう変化したのか、

コイツが言っています

結果も見えない。なぜなら証拠がないからです。

子育てや家族のことは人それぞれで、僕たちが語れることなんてないですが、皆さんが動画で見てくれている僕らの関係性が真実で、一つの答えだと思います。家族の関係は取り繕えないからです。だから、いいか悪いかは別として、どんな子育て本よりもリアルだと思います。

子育ての不安や悩みがある人、家庭内でのコミュニケーションがうまくいっていない人、これから結婚して家庭を築きたいと思っている人に、この非常識でヤバい家族を知ってもらい、少しでも気楽になってもらえたら、そして何かの役に立てたらいいなと思っています。

うまく書けるか分かりませんが、最後までお楽しみください。

「森ケの日常」担当パシリ　パパより

contents

PART 1 愛しの鬼ママのおかげ

PART 2
暴走する子どもたち

contents

PART 3
元やさぐれパパの学び

PART 4
ヤバい家族の爆笑生活

ブックデザイン 柴田ユウスケ・なんとうももか（soda design）
DTP 荒木香樹 ／ **校正** あかえんぴつ
撮影 島本絵梨佳 ／ **編集協力** 根岸聖子
編集 伊藤瑞華（KADOKAWA）

森ケのメンバー紹介

家族のいじられ担当

パパ

長所…子煩悩
短所…すぐ忘れる
趣味…家族

家族のお笑い担当

長女 娘

長所…気が長い
短所…ズボラ
趣味…ダラダラすること

家族の食べる担当

次女 くーちゃん

長所…世話好き
短所…フルーツに散財
趣味…食べること

家族の寒がり担当

愛犬 サミィ

長所…人懐っこい
短所…けど嫌いな人は噛む
趣味…日向ぼっこ

家族の**鬼**担当

ママ

長所…料理好き
短所…短気
趣味…ミシン

家族の**盛り上げ**担当

長男 カチ

長所…社交的
短所…ビビり
趣味…コスプレ

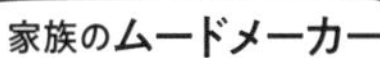

家族の**ムードメーカー**

次男 オク

長所…顔と腹
短所…キレるとヒステリー
趣味…車

家族の**癒し**担当

三男 ナツ

長所…よく笑う
短所…階段から物を
投げまくる
趣味…枕

森ケのメンバー紹介

森ケは主にＹｏｕＴｕｂｅで活動していますが、底辺ＹｏｕＴｕｂｅｒなのでご存じない人もいらっしゃると思います。初めましての方もこの本を楽しめるように、この本の登場人物をパパなりに紹介していきたいと思います。本のタイトルにもあるように、とにかくいろんな意味でヤバいやつらです。「どんな家族やねん！」と思うかもしれないですし、腹立つかもしれませんが、これも出会いだと思って、ポジティブシンキングでお付き合いください。

森ケは口が悪いことで有名です（どこで有名になってんねん）。表現方法が汚かったりしますが、大目に見てやってください。

先ほども言いましたが、森ケの家族構成はパパ、ママ、長女、次女、長男、次男、三男、犬の、七人と一匹です。

まずはＴｉｋＴｏｋを始めたきっかけで、戦隊モノでいうところの赤レンジャーの長女から紹介していきたいと思います。

名前は**「娘ａ．ｋ．ａイデオロギー」**です。本名と年齢は公開していません。活動を始めた頃、娘たちは学校に行っていたので、特定されたりしたらめんどくさいなと思い、公開しないことにしました。ニックネームは娘ちゃんとかイデちゃんとかです。

特技はダンスとアクロバット。数分で振りつけを覚えることができます。側宙やバク宙も余裕です。小さい時からボケたりエピソードトークを話したりしてふざけるのが好きで、すこぶる口が悪いです（親譲り）。動画でのワードセンスがおもしろいと言われています。

見た目的に活発そうだし、動画でも元気なやつで、友達が多いように思われるのですが、**日本代表入りできるくらいの人見知り**です。初見の人相手だと時間が止まったのかなと思うくらい動きません。また、パパと同じく片付けができません。片付けたとしても、振り返るともう汚れています。

趣味はお菓子作りで、十回作って十回失敗します。パンケーキなんかは「フライパンかな？」と思うくらい真っ黒に焦がします。クッキーはしっとりを超えて生です。だから周りも本人も食べません。だから、趣味はと聞かれたら「失敗したクッキーやパンケーキなどを冷蔵庫で冷やすこと」と答えるのが正解でしょう。

あとは**ファッションが好き**で、古着からハイブランドまで着ます。が、ズボラなので小物やアクセサリーはよくなくします。旅行に行った時なんて靴の片足をなくしてました。小さい頃から馴れ合いを好まず、「みんながやってるからやる」みたいなことはせず、自分を持っている大人びた不思議なやつです。

娘の**将来の夢は有名になること**で、「ばあちゃんの家を建ててやる」と周囲に漏らしています。娘がいなければインフルエンサーとしての「森ケの日常」は始まっていませんでした。森ケの主人公的存在の娘です。

続きまして、**次女のくーちゃん**を紹介したいと思います。

趣味は食べることとオカンです。

まず食べることですが、くーちゃんの好きな食べ物はママの作る酢の物です。常にスマホで食べたい物を探していて、自分のお小遣いで買いに行きます。この間はマッサージやお手伝いで貯めたお金で七千円くらいするマスカットを購入して堪能し、弟たちに振る舞っていました。誰かに何かをしてあげることが好きと言っています。自分で買ってきたら必ずみんなにもあげていて、絶対に一人では食べません。僕のくーちゃんの好きなところの一つです。

もう一つの趣味のオカンですが、くーちゃんはオカンみたいで、赤ちゃんが大好きです。赤ちゃんのおしゃぶり、哺乳瓶、ベビーカーをＡｍａｚｏｎや楽天でずっと探しています。くーちゃんの行きたい場所はトイザらスか西松屋で、トイザらスには自分のおもちゃを買うためではなくベビーカーを見に行きます。つい最近も、お年玉で双子用のベビーカー（二万五千円）を購入して、一歳と三歳の弟を乗せて近所を爆走していました。西松屋に行った時は目をキラキラさせて哺乳瓶＆おしゃぶりコーナーに走り去っていきます。弟三人を一人で風呂に入れて着替えさせたりもします。動きもオカンみたいに手慣れていて、くーちゃんの前世は確実にオカンだと思います。

くーちゃんは**怖いもの知らず**で、一人で自転車に乗り、勝手に何キロも先へ買い物に行ったり、一人でマクドナルドにご飯を食べに行ったり、夜中の十二時に一人で犬の散歩に行ったりします。

自転車に乗るのも大好きなのですが、スピード狂で、坂道なんてノーブレーキで下るので、マッハな女と呼ばれています。「勝手に行ったらあかん」と言っても勝手に行きますし、「ブレーキ」と言ったら逆に漕いだりします。

くーちゃんは娘より気性が荒く、どんな荒波でも漁に出かける漁師みたいな女で、口が悪いです。

よかったら姉妹二人のチャンネル「森ケの日常『娘』」も見てみてください。

そして、森ケには暴走三兄弟がいます。名前は**一等**（カチ）、**億兆**（オク）、**七覇**（ナヅ）といいます。上から四歳、三歳、一歳です。息子たちは名前も年も公表しています。

暴走ブラザーズは、とにかく全員バッドボーイで激悪です。やんちゃを超えて暴力、イタズラを超えて破壊、いつも想像を超えてきます。ご飯は全身で浴びるように食べ、こぼした料理を丁寧に体や机に塗り込みます。ニベアクリームと思っているのかもしれません。そして床や机の上に広げた食材の上を、大海原を泳ぐ魚のごとく泳ぎます。「食べるの上手」には程遠く、パパやママからするとご飯の時間が『ジョーズ』みたいに怖いです。大海原だけに（お前が上手じゃない）。

他にも、冷蔵庫の中の牛乳は撒き散らして、二リットルのペットボトルの水をリビングに全部出して湖を作ります。湖でいうと醤油が撒かれたこともあり、漆黒の湖はとても不気味でした。トイレットペーパーはトイレからリビングまで引っ張り出し、ティッシュは箱から全部出します。以前ティッシュの箱を十二箱一気にやられたことがあり、その時は辺り一帯真っ白な銀世界で、「あれ？　ゲレンデに来たのかな？」と錯覚しました。「ちゃんとしまっておけよ」と思うでしょうが、買い物から帰ってきて五分、目を離すとやられています。「そんなん親のお前らが悪い！　ちゃんと見ていからだ」と思う方もおられると思います。そんな方には暴走ブラザーズと一週間暮らしてみようツアーを開催するので、応募してみてください。普通の感覚の方なら二時間持たないと思います。なんでもこなして子ども九人を一人で見られる、パパが尊敬するママの母ちゃんですら、暴走ブラザーズ三人を半日見ているだけでノイローゼになるくらいなので。アンチの方はご応募お待ちしております。

暴走の根源は、**長男で暴走ブラザーズのリーダーのカチ**です。カチは**少々ジェンダーレス**で、女の子が好きそうな物やピンクやかわいい物が好きです。お化粧もそうですし、とにかくかわいい物が好きで、髪も肩より長く見た目は女の子に見えます。最近は少し大人しくなりましたが、エネルギーの塊でレッドブルみたいなやつです。

カチに壊されたモノは数知れず、MacBookPro（五十万）、一眼レフカメラ（三十万）、iPad二台（十五万）、ニンテンドーSwitch（三万）、液晶テレビ二台（二十五万）、落書き破壊での引っ越し退去費一軒目（五十万）、二軒目（七十万）、その他諸々で計三百万円くらい潰されています。もうこの際、壊す系YouTuberのがーどまんさんにスカウトしてもらって得意を生かしてもらいたいと考えています。

そんなカチですが弟の面倒見はよく、いつも遊んであげています。だから下の二人はカチにくっついて、どこに行くにも一緒です。

カチは生まれて間もない頃から娘が登場するＴｉｋＴｏｋを見て、それが当たり前で育ったので、**誰かが笑ったり反応したりするのが好き**で、いつも僕たちを笑かせようとするエンターテイナーです。教えてもないのに〝間〟が分かったり、いいタイミングでおもしろい発言をしたりします。暴走行為の水撒きやパソコン破壊なども、教えてもないのにやらかしますが、エンターテイナー的な、周りがリアクションしたくなるようなことも、教えてもないのにします。人前で何かをすることが好きで、ＹｏｕＴｕｂｅをひたすら見てダンスを覚えてみんなに披露します。基本は家族みんなに優しいですが、パパにだけは下僕もしくは敵的な扱いをしてくるカチです。

次男のオクはＮＩＣＵ（新生児集中治療室）出身です。**トラックや車、タイヤが好きで、粉ミルクをこよなく愛しています。**あだ名は所谷乳業の社長で、社長とかオクちん、オーギー、親玉と呼ばれています。ＮＩＣＵ出身とは思えない育ち具合で、ムチムチな姿はキャラクターのウナギイヌにそっくりです。家族で唯一パパと寝てくれるパパっ子です。**とぼけた顔と動きと声が人気**で、森ケのマスコット的存在です。オクを見るとつい笑ってしまう、そんなフォルムをしています。

オクも**エンターテイナー**なところがあります。オクは少々便秘気味なので、うんこを出す時は毎回男梅のような表情をして、地獄の底から聞こえるような声で「グゥッガジんジー」と気張りながら、その努力に匹敵する大きさとくささのものを出します。用を足すと、出たことを伝えてくるのですが、パパが「何が出たか」と聞くと、オクは、映画『カーズ』の「マックィーン」や「消防車」などと好きな車にたとえて答えます。便秘なので形が丸っこい感じで、本当にマックィーンみたいです。それで笑ってからは、さらにいろんなたとえを言ってみんなを笑かしています。オクは、まるで自分の鼻のすぐ下にうんこがついているような、強烈な屁を放出します。そこにないものをあると思わせられる、うんこに一番近い屁をする男がオクです。

お次は**三男ナヅ**。ナヅはまだ森ケに来て一年くらいなので情報は少ないですが、うんこを素手で握るなど、すでに森ケっぽい動きをします。言葉もパパ、ママの次にうんこを言えるようになったくらいなので、成長が楽しみです。

続いて**ママ**ですが、家族からは鬼と呼ばれています。

ママはＹｏｕＴｕｂｅでも顔を出しておらず、これからも出すことはないと思います。ＹｏｕＴｕｂｅｒだとラファエルさん的存在です。パパが出会った人の中で一番**情に厚く、本当に優しくて、相手の気持ちを考え、人のことを深く思うことができる人**です。やると決めたら必ずやる、実行力のある人で、子ども五人とパパの面倒を見ながら動画編集を一人でやっています。本当に器用ですごいです。

あと、「胃袋を掴まれる」といったことわざ的な言葉があるじゃないですか？　まさにその通りで、ママの料理は本当に美味しくて、娘たちは誕生日にもどこかに食べに行くんじゃなくてママのご飯がいいと言うほどです。特にママが作る四川風の麻婆豆腐は絶品です。晩ご飯は必ず毎日四～五品あります。編集が大変そうな時に「外食しよう」と言うと、「大丈夫」と言いながらパパッと一時間くらいで作ります。

いろいろ褒めましたが、そんなママを惚れさせたパパが一番すごいということです。ありがとうございます。ママはいつも「パパは変だ」と言って普通ぶりますが、変なやつと結婚したやつが一番変なやつだと思います。僕の愛するママの紹介でした。

そして私の紹介をさせていただきます。
名前はパパとかゴリラ、娘からは「お前」「こいつ」「アイツ」「青」（前歯の歯茎が一部青いため）とか呼ばれています。昔から周りには変なやつだと言われてきましたが、自分では真面目でニヒルなやつだと思っています（ダマレ）。
趣味は家族で、家族を撮影することです。ちびまる子ちゃんの友達のたまちゃんの親父って、たまちゃんのことをずっとカメラで撮影しているじゃないですか。子どもの頃は「変な親父だな、カメラに収めずに今を生きろよ！　その目に今を焼きつけろよ！」って思っていたのですが、何十年か経って自分も同じになっていて、今では日本中の誰よりもたまちゃんの親父の気持ちが分かります。
こんな感じで紹介を終わりにして、次に行きたいと思います。

序章　家族に本気

YouTube活動をしていると、視聴者さんに「森ケを見て価値観が変わった」とよく言われます。秘境の地や文化の違う海外に行くと価値観が変わるとかいうじゃないですか。インドとかは特に宗教も文化も違うので、インドに行ったやつは大体「マジほんとマジお前行ってみ？　価値観変わるから行ってみ？　マジ一回！　マジで！」とやたら「マジ」を織り交ぜながら海外での体験を勧めてきます。森ケを見るとあんなふうに海外旅行を勧めてくるやつになれます。だから、森ケを見る＝インドに行く、です。森ケの動画を見たら「インド行ってきた」って友達に勧めてください。すいません、かなりふざけてしまいました。

何せ森ケのテーマが**「Gag Life（ギャグライフ）」**。ギャグ＝冗談。冗談は笑わせるもの。笑わせるものということは、冗談は笑顔を連れてきてくれるということ。そんな**冗談のある日常や生活にして、笑顔を溢れさせることが森ケのテーマ**です。笑うと楽しいじゃないですか。好きな人の笑顔って嬉しいじゃないですか。だからふざけまくっています。これが森ケの家族の基本的な考え方です。

家族紹介にもあったように、森ケは近所に引っ越してこないでほしい家族Ｎｏ．１の破壊系暴走家族なのですが（迷惑にならないように近隣との距離が離れた家に住んでいます）、ＹｏｕＴｕｂｅやＴｉｋＴｏｋのコメントで「理想の家族」「森ケに生まれたかった」というコメントをいただくようになってきました。さらには「子育てを教えてほしい」という声まで。

僕たちにとってはこれが普通で、これを当たり前に生きてきたので、何を魅力だと思ってくれているのかよく分かりませんでしたが、いつも動画を見てくれて、そんなありがたいコメントをくれる方々に感謝を込めて、今回本気で考えてみました。よくよく思い返してみると、いろんな意味で〝ヤバい家族〟になったきっかけは、たくさんあったのです。

いきなりですが、皆さんは**家族について本気で考えたことがありますか？** 僕は森ケの第三子、長男のカチがママのお腹にできた時まで、深く考えたことがありませんでした。

今では家族で毎日バカばっかりして毎日楽しく暮らしていますが、結婚して、娘が誕生して、くーちゃんが生まれて、カチがお腹に宿るまでは、僕は仕事人間で仕事しかしていませんでした。ママにも「仕事だけさせてくれ」とよく言っていました。

逆にいうと、仕事さえできればよかったので、**家庭のことは全てママに任せっぱなし**でした。

僕は動画ではふざけてばかりですが、実は六つの会社を経営しています。当時は会社を立ち上げたばっかりで、家族のことまで考えている余裕はありませんでした。

カチが生まれる頃に、やっと仕事が軌道に乗ってきて、徐々に家族との時間を作れるようになってきました。

みんなと時間を共にするようになって、僕がそれまで**どれほど娘たちのことを知らないでいたのか痛感**しました。少し前までは何かも分からない絵を描いていたのに、今ではこんなに上手な絵が描けている。昔できなかったことが簡単にできるようになっている。僕は娘の前歯が抜けたことにすら気づかず、本当に知らないことだらけ。同じ家で一緒に過ごしていたはずなのに、仕事のことばかり考えて目の前にいる娘たちやママのことなんて全然見ていませんでした。

その時の自分は浦島太郎みたいでした。もう絶対に戻ることのない、かけがえのない娘たちとの時間を、ママとの大切な時間を、僕は無駄にしたのだと胸が苦しくなり

ました。絶望というか、その時の気持ちを表すとしたら、小学生の時から十二年間飼っていた犬の「ケメ」が死んだ時と同じ感覚でした。ケメが死んだ時に気づけばよかったのですが、家族ときちんと向き合って初めて時間というものが見えた気がしたのです。

当たり前ですが、**時間は「有限」**なんだと心底実感しました。〝限りが有る〟と書いて「有限」。何も考えずに生きていると、今がずっと続くように、人生は「無限」だと思いますよね？　でも、**人生は不可逆で、有限**なんです。このことに気づいたのが、家族との時間について考え直す大きなきっかけでした。

いくらお金を稼いでお金を持ったとしても、過ぎた時間を稼いだお金では買えない。時給とはいいますが、時間はお金で、**時間はお金より大切**だと僕は思います。英語で**〝Time is money.〟**です。なんでいきなり英語やねんと思っているかと思います。せっかく本を出したのでイキらせてください。大事なのでもう一度言います。〝Time is money.〟すいません、話を戻します。

なぜ時間はお金より大切なのか説明します。お金は稼ごうと頑張れば稼げます。でも娘との時間や家族との時間は絶対買えませんし、戻ってきません。生活するためというのは大前提にあるけど、本来は自分のため、家族のために仕事をしているのに、その仕事で自分や家族をないがしろにしてしまったら本末転倒です。このことに気づくまでは、僕も日々の忙しさから朝起きて仕事に行って疲れ果てて寝るだけの生活で、いつしか仕事のために仕事をしていました。時間は戻らないことに気づき、その大切さを考えていく中で、家族と過ごす時間、その中でも**子どもたちと過ごす時間はとてつもなく短い**ことに気づきました。

どれくらいか計算してみましょう。

僕が実家を出たのは十八歳の時です。平均的な家庭だと一～三歳の間を除いて、平日に子どもと過ごせるのなんて一日三時間あるかないかです。朝、子どもたちが学校に行くまでの小一時間と、夕飯や寝るまでに喋るくらい。週末の二日は八時間一緒にいられるとしても、年間で家族一緒に過ごせる時間は千六百十二時間。**一年で六十七日分**しかありません。子どもが僕と同じ十八歳で家を出るとすると、一～三歳までの付きっきりの時期を入れても**六年もありません。**一緒にいられる時間って、本当に少ないんです。外に働きに出ている父ちゃん母ちゃんなんてもっと少ないはずです。

もちろん仕事は大切ですし、僕は仕事が好きです。会社を経営することで知り合えた仲間や物事との出会いがたくさんあり、仕事を通じて得たものを家族に生かしています。よく、家は安らぐ場所とか落ち着く場所みたいにいいますけど、僕は違います。安らぎたいなんて一ミリも思いません。**家が本番で外が遊び**みたいな感覚。**家族に本気**です。どうやってみんなを楽しませようか、家族が悲しい思いや悩みを持っていないかといつも考えています。

家族ってすごくて、**家族関係がよければ仕事もうまくいく。**疲れて帰ってきても、家族が「お疲れ様」とか「なんかあった？」って言ってくれるだけで頑張れる。まあ、僕の場合は子どもたちに顔面へつば吐かれたり頭を踏まれたりしていますが……(笑)。踏むだけならいいのですが、アイツらは踏んだ後バレリーナのようにこめかみで回りますから(笑)。でも、僕にとってはそういう時間が何よりも幸せなんです。

よく、「家に帰っても居場所がない」みたいに言うお父さんいますよね。僕からすると、あれは仕事頑張りすぎ。**もっと家族頑張れよ**、と思います。仕事を頑張って帰ってきているのに「お疲れ様」も「おかえり」もないと嘆いてるけど、単にバランス調整ができてないだけです。家族のために頑張っているのに家族に評価されなくて、拗ねて、さらに家族との関係が悪くなる負のサイクル。それは頑張りどころが逆です。仕事頑張る前に家族頑張れよ。仕事は変えられるけど、家族は変えられへんから。そして、仕事に正解はあるけど、家族に正解はない。

「家族頑張れよ」とか言うと、暇なアンチのやつらが、「家族は頑張るとかそんなもんじゃない、家族は自然とそうなるものよ、心で繋がってるの」とか言ってきそうですが、そんなわけあるか！　自然に家族が作れるか！　もともと他人やぞ。全然考え方の違う親の元で育って、**何もかも違う者同士が一緒に生活をするのに自然にうまくいくわけがない。**初めは「好き」だけでいけても、だんだんその効力も切れてくる。**好きを探し続け、欠点を許し続けないといけない。**自然に任せて家族なんて作れないし、本気で向き合わないと楽しくないし、うまくいかない。**自分だけにしかない家族を大切にする**ことこそ、全てがうまくいく一番の考え方なんです。

PART 1

愛しの鬼ママのおかげ

このパパはママの前だけ

森ケのことを話すために、まずはママの話から始めます。このパートはひたすら〝のろけ〟みたいになると思いますので、さっぱりした物を食べたり飲んだりしながら読んでください！

ママは娘たちに鬼と呼ばれているくらい、みんなから恐れられています。視聴者さんに「森ケは怒らない」とか言われていますが、**森ケではママがちゃんと怒ります。**どれくらい怒るかというと、窓ガラスが揺れるくらいです。僕が今まで生きてきて窓ガラスが揺れる体験をしたのは、昔やっていたバレーボールの試合に応援団が来て太鼓やトランペットを演奏してくれた時と、ママがキレた時しかありません。十数人の応援団の楽器に匹敵する声のデカさです。ママが怒ると七キロ先にいる知り合いの愛犬が吠えるそうです。今度Ａｍａｚｏｎで声の大きさを測る機械を購入して測ってみたいと思います。

こう聞くとただのヒステリック母ちゃんと思うかもしれませんが、ママは家族みんなから愛されていて、みんなママが大好きです。ママの愛情の伝え方や普段の姿勢を僕たちはいつも見習っています。

これは森ケだけではないと思いますが、ママは買い物に行っても全然自分の物なんて買いません。ママのために買い物に行っているのに。

僕が「ママのも買いや」って言うと、気を使ってなのか、安い物をちょこっと選んで、あとはずっと、子どもたちの物ばかり選んでいます。

子どもたちのこともだけど、僕のことも優先してくれています。いつも自分は二の次で周りのことばかり考える。僕たち家族だけじゃなくて、僕の実家の家族にも友達にもそうです。長い付き合いになりますが、ママの人を大切にする姿勢はずっと変わりません。**ママは人を大切にする愛情深い人。**それが、僕を含めた家族みんなの、いっぱいあるママの好きなところの一つです。

僕がママと出会ったのは高校一年生の時ですが、あの日以来どんどん好きになっていっています。

知れば知るほど口が悪くて、知れば知るほどキレやすくて声が大きくて、知れば知るほど優しくて、知れば知るほどあったかい人です。

視聴者さんから「どうやったらパパみたいなゴリラと結婚できるんですか?」「パパみたいなゴリラはどこに行けば出会えますか?」「パパみたいなゴリラと結婚したいです」というありがたいメッセージをいただくことが多くなってきました。

やかましわ! 誰がゴリラやねん! と思いますし、喜びづらいですが、こういったコメントをもらうたびに思うのは、**「ママの前でだけこのパパになれる」**ということです。

パパは後で自分のことを話しますが、クズ以外の何者でもないです。

ママが僕をこんなパパにさせてくれている。**僕に家族のことを思わせてくれるママがすごい**のです。

母ちゃんに対しての歌は多いけど、父親に対しての歌って少ない気がしませんか? それくらい、**子どもにとって母親って特別**なんだと思います。

僕もそうで、父親と母親だとやっぱりオカンが好きでした。

家族がうまくいく秘訣って何かなって考えた時、一つ目は**家族みんながママを好きでいること**、二つ目が**父親がママを大切にしていること**だと思います。

勝ち負けではないけど、僕はママには絶対に勝てない。

離婚することは絶対ないけど、もしするって言ったら子どもたちが全員ママについていく自信がある。それくらいママは愛されてる。だから、**子どもたちの好きなママを僕が誰よりも大切にする。**

自分の推している人や好きな物を褒めてくれたり、自分が好きな人を大切にしてくれたりしたら誰でも嬉しいじゃないですか。僕自身、僕の親父がオカンを大切にしてたら僕は親父を好きでいられたと思うから。

好かれたいからしているわけじゃないけど、ママを大切に、大事に思うと、子どもたちからも好かれて、いいことだらけです。

ママはイチロー

いつも一番近くにいて、家族のケアをしてくれる、ママ。

何年も一緒に生活を送っていると、当然のことのように思ってしまうけれど、一緒にいてくれて本当に助けてもらっているし、幸せにしてもらっています。

家族が快適に暮らせるよう、家事の大半をやってくれていることに、感謝の気持ちしかありません。


僕も途中参加で家事をやるようになりました。前は「手伝ってる」という感覚でやっていたんですけど、それは違うなって思って、**やるべきもの**という認識で家事にも参加しています。ただ、僕は片付けが壊滅的にできないので、実際ママを楽にすることができているかは分かりません……。が、できる限り、僕にできることをやっています。

僕が家事に参加しないといけないと思ったきっかけは、ママの入院です。うちには子どもが五人いるんですが、生まれるたびにママが入院するんですね。ママが入院している間は僕が全ての家事をやらないといけません。実際自分でやってみて、こんな大変なことを毎日毎日やっていたのかと驚きました。

「女は家事だけしておけばいい」みたいな考えって昔は当たり前にあったと思います。昔ほどではなくても、まだまだ今でもそういう家庭は多いと思います。僕の家も、じいちゃんがそういう考えの人でしたから。ばあちゃんが全ての家事をやる環境で育って、それが当たり前だと思っていました。

でも、そんなことが言えるのは、家事の大変さを知らないからだなと気づきました。**家事や育児は本当に大変なのにもかかわらず、とても地味に見えて、女性がそれをするのは当然のことのように思われているんです。**

メジャーリーグで大活躍した、日本が世界に誇るイチロー選手が、昔インタビューか何かで「ヒットを打って（結果を出して）当たり前だと思われている中で、プレーをして結果を出し続けていくのはかなりのプレッシャーで、打てないとすぐに観客からヤジが飛んでくる」というようなことを言っていました。

子どもが言うことを聞かなかったり悪さをしたりしたら、「お前の育て方が悪い」って言われる。ちょっと部屋が片付いていなかったらケチをつけられる。結果を出すのが当たり前で、結果が出ないとすぐにヤジが飛んでくる。僕のばあちゃんや、全国のママはそんな過酷な世界でやってたんですね。

例えば料理にしても、やることが山のようにあります。

まず何を作るかを決めて、車に子どもたちを乗せて、子どもたちを連れて買い出しに行って、帰る。行きは子どもたちだけなんでまだいいですけど、帰りは買った荷物がある。重たいですよ、たくさん買うから。一度にたくさん買わないと何回もこの流れをやらないといけないから。やっと帰ってきて、子どもたちを見ながら料理して盛りつけて、子どもたちに食べさせて、洗い物をして、食器をしまう。食べるのは一瞬なのに、トータルで三時間くらいかかります。

僕がママをしたのはママがいない一週間だけ。でも**ママはママをやらなくていい日なんてない**。絶対やらないといけないんですよ。

似た状況を体験して初めて大変さを知り、こんな大変なことを一人でさせていたのかと、反省と尊敬が同時にやってきました。それまで、僕はバリバリ仕事をするのが一番大変で、すごいと思っていたけど、全くそんなことない。**仕事なんて楽だ**と思いました。これが分かってからは、ちょっとでもママが楽になるように意識して生きています。できない日も多いけど。

イチローでい続けるのはしんどいです。サポートが必要です。ママをイチローにしているのは周りなので、周りが変わる必要があります。**相手を変えるより自分が変わった方が早い。**だから、観客席からヤジを飛ばすのではなく、見返りを求めずに、まず相手のために動いた方がいい。

そんなふうに考えて生活したら喧嘩もなくなったし、めちゃくちゃ仲よくなっていきました。やっぱり家庭円満というか、**家族を楽しくする秘訣は、どれだけママを大切にできるかにかかっている**と思います。ママに気に入ってもらえるように、そのために頭を使いまくる。

家族のために、ママはどんなことをしてくれているのか。**プロセスの一つひとつの**

大変さやすごさを知ると相手への尊敬の念が出てくるし、もっと好きになれて大事にしようと思える。

「俺もしんどいから」じゃなくて、俺がしんどいことを引き受ける。

そうやって動いてたら、もっといい方向に関係が変わっていくと思います。

皆さんも、夫婦で一日といわず**一週間くらい生活を交代**したり、**お互いに何をしてくれてるかを知る**機会を作ったりするといいんじゃないでしょうか。

そこで感謝したり気づいたりしたことがあったら、相手のために行動してみてください。ちょっと意識を変えるだけでも、びっくりするほど幸せになれると思います。

結婚の決め手はじいちゃんの肛門

僕がママと出会ったのは高校生の時です。

初めて出会ったというより、初めて見た、の方が正しいと思います。高校に入学して二カ月、僕は毎日バレーボールをしていて、練習で休みがなかったのですが、その日たまたま練習が休みになって、友達のうっしゃんとマクドナルドに行ったんです。うっしゃんには、親指の爪を噛んでは噛んだところを嗅ぐ癖があります。いろんな学校の女の子の過去の情報や誰と付き合っているかを知っていて、いろんな学校の卒業アルバムを入手している、『週刊文春』みたいなやつでした。一緒に通学していると、「あの子はどこどこの誰と付き合ってる」とか、いちいち教えてくれていました。

マクドナルドに着くと、女子高生二人が店から出てきました。なぜか目に留まって、目で追ったのを覚えています。**「かわいいな」って思いました。それがママでした。**

するとうっしゃんがすかさず「あれはどこどこの学校の〇〇や！」みたいなことを

言って「番号入手しようか？」と持ち掛けてきました。僕はこう見えてスーパー人見知り奥手ゴリラなので、その時は「ええわ」と言って断り、何もなく終わりました。

それから少し時間が経って、高校二年生になる前の春休み。その頃の僕は家に帰らずにずっと友達の家を転々としていました。その時泊まらせてもらっていた友達が、「今から女の子二人遊びに来るから、近くのローソンまで迎えに行こう」と言うので、一緒に迎えに行きました。三月二十六日の夕方五時くらいです。

すると女の子二人がもうローソンの前にいて、その一人がなんとマクドナルドの前で見かけた子、ママでした。

飲み物を買ってから友達の家に戻ることになり、ローソンに入りました。

本当はめちゃくちゃ緊張していたのですが、こなれた自分を演出したかったので、僕はママに「何飲む？」と話しかけてみました。ママは「じゃあこれ」と言ってお茶の伊右衛門を手に取りました。四人で食べ物を買おうかと相談している時、ふとママの方を見ると、まだ会計していない伊右衛門を開けて普通に飲んでいます。

僕が「何飲んでるん？」と言うとびっくりして、恥ずかしそうな顔で「間違えて飲

んでしまった」と言いました。僕は、僕がカッコよすぎて緊張したのだろう、かわいいやつだなと思いました。僕は人見知り奥手ゴリラだけど、スーパー自信家やったので、本気でそう思っていました。

当時の僕は、少しだけ非行少年でした。

どれくらい非行少年だったのかというと、朝倉未来が路上の伝説なら僕は路上のタンポポ、いや、野に咲く花くらいです。野に咲く花のくせに喧嘩をして、前歯が二本なく、複雑骨折した右手を手術して包帯がぐるぐる巻きでした。

ママは、初めて会った歯のない手の骨の折れたボウズ頭で少し髪を染めた猿みたいなやつに興味を持ったのか、自分のつけていたネックレスをくれました。

友達の家で遊んでいたらいつの間にか夜中になっていて、友達の親に怒られたので、家を出ないといけなくなってしまいました。外に出ると大雨で、僕は単車にママを乗せて、違う友達の家に向かってぶっ飛ばしました。途中でトラックと正面衝突しそうになり、あやうく死にかけました。

その日からしばらくして付き合うことになりました。

それからずっと付き合い続けて結婚したわけではなくて、**別れたりくっついたりを五千回くらい繰り返した**と思います。

僕は本当にむちゃくちゃなやつで、待ち合わせをすっぽかしたり、何時間も外で待たせたりしてママをよく泣かせていました。

オカンが僕を置いて出ていったこともあり、当時の僕は女性の愛情を信じることができず、むちゃくちゃな方法でママを試していたのかもしれません。どーせお前も見捨てるんだろ、的な感じで。でも、**どんなことをしてもママはずっと僕を信じてくれました。**

前置きがすこぶる長くなってしまったのですが、結婚の決め手についてお話しします。これはLIVE配信で一回だけ喋ったことがあるのですが……。

僕には弟と妹がいて、オカンは弟と妹だけを連れて、僕に何も言わずに家を出ていきました。親父も違う家庭を作って帰ってこなくなりました。弟は自力で帰ってきて、僕たち兄弟はじいちゃんとばあちゃんに育てられました。だから僕たちは親父とオカンの代わりに僕たちを育ててくれたじいちゃんとばあちゃんが大好きでした。

じいちゃんはビジネスマンで、僕が三歳くらいまでは家はお金持ちでした。とても頭がキレてオシャレで、歌がうまくて話し上手、カッコいいじいちゃんで尊敬していたのですが、ある日認知症になりました。

じいちゃんは酒が大好きだったので、酒好きな人がなりやすいらしい食道ガンにもなっていました。食道のガンなので、ガンが邪魔して食べ物飲み物も入っていかず、ボケてるので四六時中酒を飲んで、その辺で嘔吐してうんこも漏らしてしまいます。いつも僕たちが片付けていましたが、認知症の進行が進んでお風呂を嫌がるようになり、いつもお尻はうんちまみれでした。

ある日じいちゃんに「お風呂に入ろう」と言ってみると、その日のじいちゃんは機嫌がよく「久しぶりに入ろかー」と言ってくれました。

その日はたまたまママが家に来ていたのですが、僕がじいちゃんを脱衣所に連れていって服を脱がせていると、率先してママが手伝ってくれて、風呂場に連れていって、じいちゃんを座らせてシャワーをかけています。

次の瞬間、僕は目を疑いました。なんの躊躇もせず、じいちゃんの肛門をお尻の方から素手で「ゾゾゾゾゾ」と洗っています。「熱くないですか？」とか聞きながら。その時に僕は涙が出ました。じいちゃんの肛門を洗うなんて家族でも嫌なことを、少しも嫌な顔せずやっているママを見て、**嘘でこんなことできない、こんな人絶対にいない、この人を大切にしたい**と思いました。

結婚を決めた理由は肛門です。そしてめでたく結婚という名の門をくぐりました。肛門だけに。

亭主関白はダサい

僕は、今でこそ「ママには敵わない」「ママが一番！」って堂々と言っていますが、**昔は亭主関白**でした。というのも、僕は自分のじいちゃんを尊敬していて、じいちゃんがTHE昭和の男だったからです。じいちゃんは、ばあちゃんを「おい」と呼び、「俺の三歩後ろを歩け」と言うような人で、俺が全部面倒見るから、金も全部出すから、黙ってついてこいっていう、そんな人でした。

そのくせ蛇が怖くて、蛇のおもちゃを後ろから渡した時には、テレビのリモコンで、リモコンの裏側の電池が飛び出るくらいの勢いでしばかれたのを今思い出しました。話を戻します。

昔の世の中では、いろんな女性と付き合える男がカッコいいってなっていたし、それに黙ってついていく女がいい女、みたいな風潮があって、ばあちゃんも、じいちゃんに黙ってついていっていました。

じいちゃんは、友達や仕事のお客さんを家に呼んで、家の食べ物や酒を全部なくなるくらい振る舞うんです。二人とも、**「自分が飲み食いする喜びよりも、人にあげてその人が喜んでくれる喜びの方が何倍も大きい」**という考えの持ち主でした。

でも、じいちゃんは、準備もおもてなしも全部ばあちゃんにさせていました。よくよく思い返してみたら、ばあちゃんはじいちゃんの前では、召使いみたいに動いていたんですよ。じいちゃんに言われるまま、「はい、はい」って言うこと聞いて。

じいちゃんの影響もあり、僕も亭主関白こそが男としての責任ある行動やと思っていたし、ママに仕事をさせてない僕はカッコいいなって思っていました。

そんな僕が亭主関白な自分を自覚して、こんなのやめようと思ったのは、じいちゃんとばあちゃんの悲しい別れを見たからです。

じいちゃんは死ぬ間際、ばあちゃんに「男ってアホやのう」と懺悔(ざんげ)しました。でも、ばあちゃんはその意味が分からなかった。おじいちゃんに向かって、「何を謝ってるの？」「なんでアホやの？」って聞き返していたんです。

ばあちゃんには、じいちゃんの気持ち、一ミリも伝わってなかった。じいちゃんとばあちゃんは、お互いの気持ちを分かり合えないまま、永遠の別れを迎えてしまった。

この二人はこんなに長く一緒にいたのに、ちっとも関係性が築けていなかったんだなと思いました。

これが、亭主関白の成れの果てなんや。

こんなんになるのは、僕は絶対嫌やと思いました。

そして、ふと立ち止まって考えて、**亭主関白って男側の都合で、男が楽したいだけのシステム**だと気づきました。

親父とオカンは早くに別れていたから、近い存在で夫婦として続いていたのは、じいちゃんとばあちゃんしかおらんかった。だから、じいちゃんみたいに亭主関白なのがいいと思っていたけど、それは間違いやった。

僕が今はっきり言えるのは**一人の女性を大切に、大事にできる人が絶対にカッコいい**ということ。僕は**亭主関白なんて、時代遅れのすこぶるダサい行動**だと思います。

うちはママの方が断然、賢いんですよ。僕が一生懸命本読んで勉強したことを、ママは普通のことのように喋りますから。会社を経営している時にも感じますが、そもそも女性の方が地頭がよくて優秀だと思います。男は偉そうにしているだけで、全てにおいて、女性の方がスマートなんですよね。「男は賢いふりをして女はバカなふりをする」というけど、本当にそうだなと思います。男性が女性に勝ってるところなんて腕力しかありません。あとは全部負けてます。

それを素直に認めた瞬間、相手も自分を認めてくれます。余計なプライドを持って、それを認めないから、無理をしたりして、うまくいかなくなる。僕はアホ、ママは賢い。それを認めないと、ママも僕を認めてくれません。だから、僕は**女性に合わせた方が家庭はうまくいく**と思います。

僕はじいちゃんとばあちゃんから、**何も言わなくても心で通じ合ってることなんてない**と教わりました。

だからこそ、**思ってることをちゃんと伝える**ようにしています。常に言うわけではないし恥ずかしいけど、**二人になれる時があれば、「好き」とか「結婚してよかった」って伝える**ようにしています。言う時は変にドキドキするけど、言った後は「伝えられてよかった」っていつも思います。**態度と行動だけじゃなく、言葉でも伝える。**

僕は死ぬ時絶対後悔したくないので、そう心がけています。

夫婦の変化

なぜか入れ歯を冷蔵庫のパーシャル（微凍結）のところに入れて入れ歯を半凍りにさせたり、ハリセンで頭をしばいた時の音みたいなオナラをしたり、占いの細木数子が好きでやたらと占いたがったり、占ってる時に細い目をして占い師感を出したりする僕のばあちゃんがよく言っていました。

「人生は結局平坦だ」

いい時があれば悪い時もあるし、自分のしたことは返ってくる。人生を百とするといいことも悪いことも五十ずつだという意味でした。

僕の人生は、ママに出会う前より、出会ってからの方が長くなりました。

付き合ってる時も、夫婦になってからもそうですが、上下関係とまではいかなくても、彼氏が尽くしたり、彼女が尽くしたり、みたいなバランスがあると思います。

彼女にゾッコンでプレゼントいっぱい買ってしまうとか、彼氏に毎日弁当を作って

わざわざ家まで届けに行ってしまう、みたいな。

出会って付き合った頃なんて、ママは僕にゾッコンラブドッキュンでした。いや、ズッキュンドッキュンラブゴッキュンでした（どっちでもええわ、ゴッキュンってなんやねん！）。

僕が言うことならママはもうなんでも聞くみたいな感じでした。映画『オオカミ少女と黒王子』でドS王子の山﨑賢人が二階堂ふみを「三回まわってお手からワンだな」と犬みたいに扱ってたのですが、あれは昔の僕です。顔面とかそっくりだし（◯ね！）。

僕たちが高校生の時はまだスマホなんてなくて、今みたいにLINEで無料通話みたいなのもなかったから、ママが僕専用の携帯電話を買ってくれてました。僕はそれを使って夜中にいきなりママを呼びつけたりしていました。

当時の僕の暴君ぶりを箇条書きにしてみます。

・電話で毎日「百回好きって言え」と強要する。
・「どの辺が好きかを具体的に言え」と強要する。
・遊ぶ約束をしてるのに、「友達と遊んでるから」と言って、真夏の僕の家の庭で何

時間も待たせる。
・「おい」って呼んで振り向いたら無視する。
・喋りかけてきても無視する。
・むちゃくちゃなことを喋って、「同じことを言え」と強要する。
・「靴下を履かせろ」と言って履かせてもらい、「カカトの部分をしっかり合わせろ」と文句を言う。

あの頃は自分のことを本当に王様、古代エジプトでいうファラオだと思っていました。僕は本当にファラオばりの振る舞いをママにしていました。あの当時「イキる」って調べたら僕が出てきたと思います。

それくらいのやつやったのに、今現在はどんな感じかというと……。会話形式でお伝えします。

ママ：「足揉んで」
僕：「昨日揉んだやん」
ママ：「昨日は昨日、過去を振り返るな」

僕：「過去があって今があるんやろ」
ママ：「過去があって今があって未来がある。私は未来の話をしている」
僕：「何言うとんねん」
ママ：「はよ揉んで」
僕：「はい」

いつしか付き合った頃のママはいなくなりました。途中で誰かと入れ替わったんかなと思うくらい変わりました。どれくらい変わったかというと、寺田心くらい変わりました。

強要暴君ファラオが、今やママの足を揉んでいます。

揉んでいる時にカカトが乾燥しているのを見つけたので、Ａｍａｚｏｎで「カカト保湿クリーム」と検索して、自発的に尿素配合クリームを購入しています。

ママの足を揉んでいるうちに、僕はウトウトしてきます。

ママ：「早く！　次ぃ、左足！」
僕：「はいッ！」

男は絶対女性には敵わないし、女性が強い方がうまくいく。

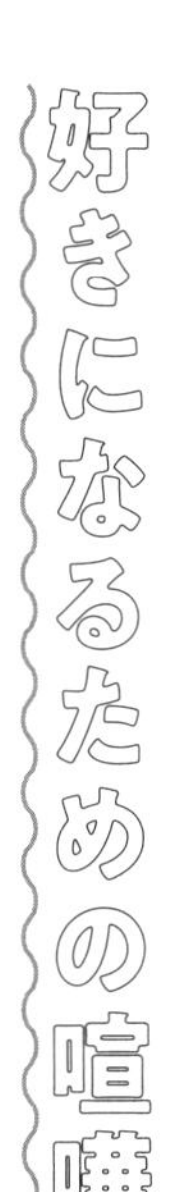

好きになるための喧嘩

僕とママは二十年近く一緒にいることになります。

十六歳から付き合って十八歳で同棲を始めました。人生の半分以上一緒にいます。

その間に僕たちは**死ぬほど別れて死ぬほど喧嘩**しました。初めて住んだ家は1Kの築三十五年くらいのボロアパートの四階。この部屋で何回別れたか。日本でTOP10に入れるくらいに、別れて、よりを戻して、を繰り返しました。朝仕事前に別れて、帰ってきてよりを戻す、みたいな。時には一日二回別れる時もあるくらい別れていました。

「うちでは食事中にテレビを見てはいけなかった」「いや、うちはテレビを見ながらご飯食べてた」とか、「朝はパンやった」「必ず味噌汁あった」とか、「熱いからって味噌汁に氷とか入れんなや」とか、本当に毎日喧嘩をしていました。

若かった僕たちは、同棲はもっと楽しいものだと思っていて、毎日一緒にいられる幸せな理想を思い描いていたのですが、それとは真逆（まぎゃく）でした。

テレビ番組とかで、元不良がインタビューされて当時を振り返り、「あの頃は常にムシャクシャしてて、毎日喧嘩に明け暮れていましたね。喧嘩ざんまい。血を流さない日はなかったですね」みたいにイキった横顔で遠くを見ながら答えてたりするじゃないですか？　僕たちもそれくらい喧嘩していました。

当時は友達にも「また別れたん？」「またより戻したんや」と呆れられ、後半はもうそういう〝ボケ〟とすら思われていましたね。

そんな僕たちでしたが、今はびっくりするほど全く喧嘩しません。むしろめちゃくちゃ仲がいいです。

僕は不思議に思いました。なぜあんなに喧嘩していたのか？　それなのになんで今平和にいられているのか？　あれだけ喧嘩していたら、普通なら別れてとっくに関係も終わっているはずです。

僕なりに答えを出してみたので、皆さんに話します。

まず、なんで喧嘩をするかというと、理由は簡単で、**ルール、法律がないから**です。違う環境で育ったからだと曖昧にしがちですが、そもそも同棲の仕方とか夫婦の作

り方とか、学校も親も誰も教えてくれないじゃないですか？　で、結婚とは忍耐だとか我慢だとか許すことなんだとか、偉そうなやつが偉そうな顔して言ったりしますけど、僕はそれも全く違うと思いますし、アホちゃうかと思います。

道路には道路交通法があり、赤信号は止まる、青は進むみたいにルールがあるから事故が少なくなるんです。信号がなければ事故だらけです。カップルや夫婦、家族も同じ。ルールが必要で、**ルールがないと道路と同じように事故（ここでいう喧嘩）が増える**んです。僕ももっと早く気づいていればよかった。

さらに気づいたのは、**喧嘩はルールを作ることと同じ**だということです。喧嘩をすることでお互いのルールを決めていっている。

「魚には醤油やろ！」「いや、何言ってんねん、ポン酢や！」こんな感じに意見が分かれると、初めは考えや基準や前提が違うから腹立ちますよね。でも、「試しにポン酢で食べてみよか」って食べてみると案外うまかったりします。すると、今日はポン酢で今日は醤油、みたいに選択肢や楽しみ方が増えるんです。

喧嘩はルールを作るために必要なことで、喧嘩するたびに相手のことを知ることができる。「喧嘩するほど仲がいい」とか言いますけど、**〝喧嘩すればするほど仲がよくなる〟**と僕は思っています。だから、喧嘩をいっぱいしてよかったです。ママは何が好きで何が嫌いか、どんなことをすると怒って、どんなことをすると喜ぶか、最近は今何を考えているのかも分かるようになってきました。自分でも仲いいと思うし、フォロワーさんにも「なぜそんなに仲がいいのですか？」と聞かれるのですが、それは**喧嘩をしまくったおかげでお互いのルールがちゃんとあって、喧嘩するたびにお互いのことが分かっていった**からだと思います。ルールを作るために、相手を知るために、関係をよくするために喧嘩をするんだという考えがあれば、マイナスなイメージがつきがちな喧嘩がいいものになるような気がします。

あの頃に一生分喧嘩したからか、今の僕たちは全く喧嘩しなくなりました。でもたまに喧嘩することがあると、僕たちにはまだ知らないことがあるんだな、またママのことを知って仲よくなれるんだと思って嬉しくなります。

それまでは一人だけの考えで動けたのが、結婚して家族ができると二人の、家族の考え方になる。

僕はママと付き合う前、自分一人だと、牛丼を食べるなら絶対に吉野家でした。でもママと付き合うと、ママはすき家がいい、僕は吉野家がいいと二つの考え方になる。両方食べてみると、絶対吉野家派やったはずが、すき家もうまいやんってなり、そこで二人の考えがまとまりました。

結婚する前と後、子どもができてから、どんどん考えを変えていかないと家族はうまくいきません。夫婦喧嘩や付き合ってる時の喧嘩は**答えを探す作業**だから、これからは**喧嘩はいいものだと思って、関係をよくするために喧嘩をしてみて**ください。**喧嘩は嫌いになるためじゃなく、好きになるためにすること。**

家族や夫婦って一日でどうこうなるものじゃなくて積み重ねて作っていくものだと思います。

あと、絶対に言えるのは、結婚は我慢や忍耐なんかじゃないということ。**結婚ほど、家族ほど楽しいものはない。**僕はそう思います。

この人とずっと一緒におりたいな

――最初に出会った時のパパは、どんな印象でしたか？

「前歯ないのに、なんでこんなに笑ってるんやろ？　って（笑）。当時、周りの子たちはみんな、やっぱり年上の大人っぽい男の人がカッコいいよねって言っていて。私もそういう空気に影響されて、そうか、年上がカッコいいんだって思っていたんです。でもパパと初めて会った時に、歯がないのに、それを隠す感じもなく笑っていて、なんかかわいいなって。カッコつけてない、気取ってないところがいいなって思いました」

――どの辺から、好きっていう感情があったんですか？

「ホンマに、めっちゃ最初から好きでした。初めて会った感じがしなくて、私この人とずっと一緒におりたいなって。〝この人じゃないと私、結婚せえへん〟って、親にも言っていたくらいです（笑）」

――待ち合わせをしてもすっぽかすし、むちゃくちゃだったと。

「そうですね。まだ十六歳とかだったんで、家まで行ってもピンポンも押せなかったんですよ。親が出てきたら嫌やなって。でも電話も出ぇへんし、約束はしているし……って悶々としながら、家の前で三時間くらい待って

いました。でも、それでもイライラせぇへんくらい好きやったんです。私がそういう気持ちを伝えても、パパは〝そんなんすぐに変わる、絶対おらんようになる〟って、ずっと言っていましたね。今はむちゃくちゃやけど、本当はそんな人じゃないっていう確信があって、やっぱり私、間違ってなかったなって。別れても絶対一緒になるからって言い続けていて、母親から、なんでそう言い切れるのかが不思議だったたって言われました（笑）」

――パパのおじいちゃんのお尻を洗った時、どんな気持ちでしたか？

「パパが、おじいちゃんとおばあちゃんには感謝しているし、大事にしたいって、ずっと言っていたから。自分の家族とか好きな人って、他の人からも大事に思ってもらいたいじゃないですか。それと同じ感覚でした。パパの大事な人なら、私も大事にしたいっていう」

――今、パパから大切にされている実感はありますか？

「はい。家事も育児も手伝ってくれますし、娘と外出する時も、ゆっくりしてきていいよって。二十代はずーっとしんどかったんですけど（笑）、毎年、今が一番幸せやなっていうのは更新できています」

いっぱい悩みながら、たどり着いたのが、今の森ケ

――パパの束縛、かなり激しかったということですが。

「十代の頃の私は、全然家にいない子だったんです。遊びに出て、何日も帰らないっていう（笑）。それがパパと付き合うようになってからは、パパの希望でずっと家にいるようになったので、母はありがたいって思っていたみたいです（笑）。親の言うことも、誰の言うことも聞かなかった私が、パパの言うことだけは聞いたので。パパのおかげだと」

――ママが思う、夫婦円満の秘訣とは？

「世の中的に、まだまだ、家のことは女の人がするものだっていう風潮は残っていますし、女性側も、それが当たり前って思っていたりしますよね。でも、それが当然っていう態度で来られると、腹が立つじゃないですか。実は当たり前じゃないんだという意識を持って、お互いに感謝する気持ちを持つことで、思いやりが生まれる。どちらか一方だけでもダメなので、喧嘩になったとしてもちゃんと話し合って、共有しようとすることが大事なんじゃないかなって。今だから言えることですけどね（笑）」

――パパってすごく破天荒じゃないですか。ママ、よくついてきましたね。

「むちゃくちゃなんですけど、誕生日にサプライズしてくれたり、雨の中、原付で家までプレゼント持ってきてくれたり、下手くそな字で手紙書いてくれたりして気持ちを伝えてくれてました。なんか、いろんなパパがいるんです。破天荒なパパがいると思えば、ちょっと寂しい感じのパパもいる。昔は、パパは自分の家族に対して、すごく気を使っていたんです。実家にいる方が気を使っていて。なんで、家にいる時の方が、よそ行きみたいなんだろうって不思議でした。きっと、いろいろあったんだろうなって……。えっと何の話でしたっけ（笑）。そうそう、なぜ、ついてこられたかですよね。正直、何度も揺れました。〝このままでいいのかな、私、間違っているかもしれない〟って。でも、好きな気持ちが消えないんです。自分の気持ちには嘘がつけないので、悔しいけど、ずっと一緒にいるしかない。一緒にいるとしんどいし、嫌いになりたいのにって、何回も思いました。〝どうしたら、そんなに仲よくいられるんですか？〟ってよく言われるんですけど、全然仲よくなかったし、ずっと幸せで平和だったわけじゃないんです。いっぱい悩みながら、たどり着いたのが、今の森ケなんですよ」

自分より大事な人

「好みや感情に関する最上級は主観的であり、個々の人によって異なります。それぞれの人が異なる好みや価値観を持っているため、私は具体的な人物や事物を知ることなく、最上級を一般的に指定することはできません」

この文章はChatGPTに「好きの最上級ってなんですか？」と聞いて返ってきた答えです。要するに人それぞれということだと思います。

この本は、家族をテーマに、僕の家族のことを書かせてもらってる本です。こんなふうに本を書かせてもらう機会をいただき、ありがたいことに皆さんが手に取ってくれて、読んでくれている。

ママと出会った時には、まさか自分がママのことを本に書いてるなんて、家族の本を書くことになるなんて夢にも思いませんでした。執筆するにあたって、当時の記憶

や感情を少しずつ巡らせながら書いていると、あの時こうだったな、あんなことあったよな、と辛かったことや楽しかったことがどんどん蘇ってきます。今まで、昔のことをぼーっと思い出すことはあっても、こんなに真剣に思い出すことはありませんでした。書き進めていくうちに、昔のママに会ってきたような、その時の感情や季節とか匂いとかまでも思い出して不思議な感覚になっています。

この本の起源、始まりはなんだろうと考えた時、僕が生まれて、ママが生まれて、その二人が出会ってたとしても、お互いがお互いに「好き」という感情を抱かない限りは、今の森ケができることも、こんなふうに本を出して皆さんに読んでもらうこともありませんでした。ということは、当たり前ではあるけど、全て「好き」っていう感情から始まっているんですね。

僕の中では好きの最上級の答えは結構前から出ています。それは、**感情だと「必要」、形だと「家族」**です。

皆さん一度くらい、「好きになるってどういうこと？」って考えたことがあると思います。「一緒にいて楽しい人ではなく、離れると寂しいと思う人と結婚しなさい」みたいな教えもありますが、それってどういうことかを考えた時、**相手が自分にとっ**

て必要な人になることが、好きになるということなんだと思いました。

必要とは、必ず要すると書いて必要。成人してる百人中、九十九人は持っているだろうスマホや携帯電話。ないと困ると思います。必要な存在って、いないと困る存在。**一緒にいるのが特別な人は「楽しい」**です。**一緒にいるのが当たり前な人が「必要」**です。

だから、「好き」や「愛してる」の次は「必要」。

僕にとってママはもう、好きとかいうより、気づいたら自分の人生にとってなくてはならない、必要な人になっていました。

人生において、綺麗事を全てどけた時、絶対に自分が一番大切じゃないですか？自分があって相手があるし、そもそもこの体やこの心は自分のためにある。自分が病気したら嫌だし、トラブルも避けたいし、美味しい物を食べるのも、旅行や好きなことをするのも全部自分自身。自分の代わりに人に悲しんでもらったり楽しんでもらったりできない。だから自分からは逃げられないし、自分が一番大事なんだと思います。

僕も生きてきてずっと自分のことが一番で、自分のことしか考えていませんでした。

でも、ママに出会って変わりました。**初めて自分よりも大切に思った人がママ**です。自分より大切な人。

ママがいないと楽しくないし、ママがいないと寂しいし、ママがいないと自分になれないというか。

なぜそう思ったのかというと、ママが僕のことを必要としてくれていたから。ママだけが、何も持ってない僕を認めてくれて、好きになってくれて、誰よりも大きな愛情を注いでくれた。僕より僕のことを大切にしてくれました。こんな人いるんだ、と思ったら、自分より大切な人になっていました。

家族とか夫婦って、好きとか嫌いの次元を超えることが目標なんじゃないかなぁと思います。僕はもう、ムカついたからってママのことを嫌いになることは一生ありません。

ママの手がなんかカサついているなと思ったら、いいハンドクリーム探して、買って、それを塗る。自分の肌の状態って気になるじゃないですか。同じようにママの肌も手も、自分のことのように気になるから、同じようにケアをするんです。

前にキッチンで洗い物をしていて思ったんですけど、こうやって、ずっと立ち仕事をしていると腰にくるなぁ、疲れるなぁと思って、クッションマットを買って敷いたんです。そしたら、めちゃくちゃいいって、ママ、すごく喜んでくれました。

自分のことを考えるように、相手のことを考えて、想像して、先回りする。

自分を大事にするように、相手のことを大事にして喜んでもらえたら、じゃあ次はどうしたら、もっと喜んでくれるかなってなる。キツい、辛いことはなるべく減らすようにして、もっと楽になってほしいなって。

「好き」から「自分の人生に必要な人」に変わり、自分より大切な人との間に生まれてきてくれた子どもたちと作る家族という形。「好き」という形のないところから、いろんなことを乗り越えて、家族という形になる。自分たちだけにしか作れない、どこを探してもないその形を、これからも大切にしたいです。

どう言えばいいか分からないけど、ママは僕にとって自分みたいな人で、自分よりも大事な人です。

ママの母ちゃんのお弁当

高校はお弁当を持って行ってました。

ばあちゃんが作ってくれるお弁当。具は卵焼き、煮物とご飯。僕がご飯をめっちゃ食べるからと、ご飯を押し固めて詰め込みすぎて、料理人のまな板みたいでした。そのご飯の上に昆布で顔を作ってくれていました。それを当たり前のように持って行っていました。

二月の寒い朝、五時くらいにトイレに行きたくて目を覚ましました。リビングで音がしたので行くと、ばあちゃんがパジャマで震えながら、ストーブに火をつけていました。上にヤカンとかを置けるタイプのストーブで、マッチを使って火をつける茶色の古いやつです。

こんなふうに毎日、僕たちが起きる前に寒くないようにストーブをつけてくれて、震えながらお弁当を作ってくれてたんだと分かり、ものすごく申し訳なくなりました。

だから僕はばあちゃんに嘘をつきました。

「ばあちゃん、学食のおばちゃんと仲よくなって、皿洗い手伝ったらご飯食べさしてくれるらしいからお弁当大丈夫やから」

ばあちゃんは疑っていましたが、押し切りました。僕の家は貧乏だったので、お弁当をやめれば少しは節約にもなるんじゃないかと思いました。


とはいえお腹は減るし、お金はないし、いつもお腹が空いていました。

当時ママと付き合ってたのですが、それを知ったママがお弁当を作ってくれるようになりました。

ある日、ママが寝過ごした日には、ママの母ちゃんが代わりに作ってくれてたみたいで、それからママの母ちゃんが作ってくれるようになりました。

ママには二つ下に弟がいて、その弟も僕と同じ高校に通っていて弁当が必要だったので、弟に僕用の弁当も持たせて、毎日届けてくれていました。

ばあちゃんの弁当も美味しいのですが、ばあちゃんの弁当は戦後間もない感があって、本当は友達が持ってくる弁当が今っぽくて羨ましかったんです。

ママの母ちゃんの弁当はというと今っぽくて、卵焼き、細いウインナー、アスパラベーコン、生姜焼き、ハンバーグ。ご飯には梅ゆかりがかけられていました。

ママが大事やからママの彼氏の僕に毎日作ってくれたんだろうけど、それでも**赤の他人に毎日弁当を作るって、本当に優しい人だな**と思いました。一人分でも大変なのに、僕の分まで作ってくれて。

当時の僕はむちゃくちゃなやつやったので、ママの母ちゃんや父ちゃんとも特に仲がよかったわけではなく、どちらかというと嫌われてたと思います。僕にはオカンがいないから、寂しいやろうからって、作ってくれてたみたいです。お母さんができたみたいで嬉しかったのを覚えています。

みんなにとっての普通が僕にとっては羨ましくて、この時期のお弁当は僕の中でとても大きかった。ママの母ちゃんにしてもらったことを、今でも宝物のように思っています。

ＰＡＲＴ３で詳しく話しますが、僕には親孝行する人がいません。
ママにも言っていますが、自分の親にできない分、僕に温かく接してくれたママの母ちゃん・父ちゃんに、ママと一緒に孝行させてもらおうと思っています。

いきなりですが、この場を借りてメッセージを贈りたいと思います。
ママの母ちゃんへ、あの時お弁当作ってくれてありがとう。
ママの父ちゃんと母ちゃんへ、ママをこの世に存在させてくれてありがとう。
二人みたいに、僕はママを本当に大切に思っています。

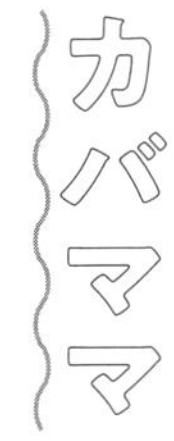

カバママ

くーちゃんはママのことを時々カバと呼びます。僕の愛しき人・ママにカバと言うなんて、いくらくーちゃんでも許せません。でも、それはママが起きてる時だけ。**起きてる時のママは僕の大好きなママですが、寝ている時はカバです。**顔面が完全にカバです。普通のカバではありません。子どものカバ、子カバです。

子カバは気配に敏感です。僕が、寝ている子カバの顔を拝もうとそーっと近づくと、三〇センチくらいまで接近したところで気配を感じるのかびっくりして「クッホォオッ！」と辺り一帯の空気を全部吸い込みます。たまに空気を全部持っていかれて僕が酸欠になるほどです（笑）。出会った頃から変わらず、毎回同じ反応をします。それから顔だけではなく体勢も独特で、右手は自由の女神のポーズをして、左手はズボンに入れています。足は両足の裏を合わせてカエルみたいで、口は十がマックスとすると七くらい開いています。いきなりママの寝相を暴露したのですが、ママに許可はもらっています。

好きになった頃や、付き合いたての頃に感じていた胸のトキメキ。会うたびにドキドキしていた感情は、ずっと一緒にいることで、徐々に失われていく。**いつからかそばにいるのが当たり前になって、緊張しなくなっただけ、感動が薄れているだけなのに、愛情がなくなったのだと勘違いしてしまう。**

そして、目新しさを求めて、新しい感動を与えてくれる人や物に目移りしたりする。これって恋愛だけじゃなくて、例えば欲しくて買った車も、ブランドの服も、変わらず大切だとは思っていても、日が経つにつれて新鮮さは減っていきますよね。

でも、新鮮さが減る分、その人や物との思い出は増えていきます。**物や考え方のアップグレードは必要かもしれないけれど、目先の新鮮さにつられて他ばかり見てしまうのは違う。**

もちろん結婚して一緒に住むようになったら、結婚前のように、毎日綺麗に化粧してオシャレするのは難しくなる。家のこと、子どもたちのことでやることがいっぱいあって、自分のことなんて後回しですからね。

家にいる時なんて見た目に気を使う暇ないです。でも、**自分のことを後回しにしてまで家族のために動いてくれているその人こそが、結婚した人。結婚するくらい好き**

になった人。一生寄り添うと誓った人。

よその人にフラッとしてしまうのは、それが外での、飾り立てたよそ行きの姿だからです。その人だって、家ではすっぴんで、髪の毛ボサボサで、もしかすると子カバ、いや大カバかもしれない。

結婚するほど好きになった人と、中身もよく知らない着飾った人を天秤にかけて、後者に惹かれてしまうなんて本当にもったいない。

僕も、とても綺麗な人を見ると、綺麗やなと思うことはあります。でもそんな時は、こんなことを考えます。

今、この人は目の前でとても綺麗な姿でいるけど、家帰ったら、きっと寝ながらケツかいてんやろな、時には鼻くそもほじってるやろなって。そしたら、幻滅してしまうんやろな、と。

僕は、ママのそういう姿も知っていて、かわいいって思っている。どんなカバなママもすごく愛おしい。化粧をして綺麗にしたママも素敵やなって思うし、ダラけたママも、かわいいなって思う。ノーメイクで、子育てに一生懸命で、家族のためにご飯を作ってくれるママ。子どもたちから人気者のママ。

唯一、心を許せる人だから、そんな人を一時の気の迷いで裏切るなんて、絶対にできないし、代償がデカすぎる。

綺麗な人やなぁってポーッとなって、それでその人が近づいてきたら、後先考えずにフラフラッとなってしまうのもまぁ、分からんでもない。

でも、どんな綺麗な人も家ではボロボロやし、それが普通やから。

その姿を見ても、その人のこと、好きになれるか？

今の生活が、家族が壊れてもいいくらいの価値があるのか？

そう自分に問いかけたらええと思います。

それでもその人がええ、っていうんやったら、好きにしたらいい。それも一つの人生やから。

僕は他の人に使う時間があるなら、ママと子どもたちに時間を使う。どんなに優しい言葉やいい条件を言われたとしても、「クサイ」「皮膚ジジイ」とディスってくる子どもらと、かわいいかわいい子カバと一緒にいたい。

結婚は生

僕は**「結婚は墓場」って言ってるやつ全員ダサい**と思っています。

今から結婚が墓場って言ってるやつらをボロカスに言おうと思ってるので、見たくない人や結婚を墓場って言ってる人は飛ばしてください。耳が痛いと思うので。

まあ、そもそも結婚という価値観が古くなってきてるので、結婚してるとか結婚してないとかはどーでもいいと思っています。

結婚してないのに十人子どもがいるのもアリだと思います。そんな人がいたらすぐにYouTubeを始めてください（笑）。

結婚が墓場って言ってる人はなぜそう言うのか？

それは自分がうまくいかなかったから。自分が結婚をうまくいかせることができなかったからです。

結婚っていうか、そもそも**他人と他人が一緒に住むことが簡単なはずがない。**

ママと僕は他人です。一滴も血が繋がってない。

うまくいかせる努力もせずに、自分ができなかったからといって結婚のせいにすんな。

お前の思いやり不足やろ、お前のせい以外の何物でもない。相手がどうとか文句言ったって、その人選んだのお前やろ。

付き合って、デートして、婚姻届書いて、婚姻登録して戸籍変えてるのお前やん。

何が「結婚は墓場、やめといた方がいい」やねん！

お前が失敗したからってみんなもそうみたいに言うな、しょーもない。

お前が失敗しただけや。

いいことは拡散されづらくて、悪いことは拡散されやすい。

アンチが湧いて炎上するように、マイナスなことは広がりやすい。

だから失敗したアホみたいなやつが「結婚は墓場だ」みたいに広める。

不幸せを広めんなボケ。不幸を共有すんなボケ。

中には結婚してないのに言っているやつもいた。

ハワイ行ったことがないのに、ハワイおもんない、行かへん方がいいって言ってるのと同じやぞ、ハワイ行ってから言え。想像だけで喋んな。

幸せな人は周りにわざわざ幸せだなんて言わないし、言うと叩かれるから広まってないだけや。
でも、うまくいかなくて何かのせいにしたくなる気持ちは分からなくもない。
やってみて初めて分かる向き不向きもあると思う。

こんなふうに偉そうに言っている僕も昔は「結婚は墓場」だと思っていたし、自分の家みたいになりたくなかったから、結婚なんて絶対したくなかった。

いざ結婚してみると、最初の頃は、「嫁を養わないと」みたいなプレッシャーと、お金を全部渡さないといけない喪失感があった。我慢しないといけないことだらけで、独身の時みたいに遊びになんて行けないし、自分の時間はない。徐々に、じゃなくて、**いきなり独身時代の自由を制限されるから、その落差がしんどかったな**って思う。

子どもが生まれたらご飯も食べさせないといけないから、自分の分は味わって食べられないし、お風呂もゆっくり入れない。

部屋は掃除した瞬間から汚されたりするし、その上に、風邪ひいたり、物壊したり、とにかく面倒で、とにかくお金がかかる。ホッと一息つく暇もない。

けど結婚してみて確実に言えることがある。

僕は結婚したから幸せになった。結婚する前は生きた心地がしなかった。

正直いつ死んでもよかった。


でも、人から求められる喜びを知って、今は長生きしたいと思っている。

ママと子どもたちは、純粋に僕のことを求めてくれる。だから、できるだけ長い時間、家族といたい。

結婚って、純粋に自分を求めてくれる存在を作ることだと思う。そんな人が一人でもいる人は幸せだと思うし、現に自分はめちゃくちゃ幸せ。この家族と出会うきっかけを作ってくれた「結婚」に感謝している。


墓場の対義語を辞書で引くと、生とか生きるが出てきた。

だから僕にとって、結婚は墓場じゃなくて、結婚は生（ナマ）。


「結婚は生」

それにしても語呂悪いな。

PART 2
暴走する子どもたち

親を「お前」と呼ぶ娘

僕は常々、**親ってなんなんだろう**と思っています。

この間も、僕が二階にいると一階から大声で娘二人が僕を呼んできました。「おーい、老けた肩くさいやつー」と呼ばれ、二階の階段から下を見ると、二人は準備万端で、「遊びに行くぞ、来い」と手をくいくいしながら誘ってきます。僕が下に降りていくまで、何十回と「来い！」をリピートしてきます。あまりにもうるさいので降参して二人の元に行くと、「竹でおもしろい遊び見つけた！　竹で遊ぼうぜ、竹はおもろい」と前のめりで言ってきます。こんなに竹で喜ぶのは娘たちかパンダくらいでしょう。

森ケの家の横には竹藪みたいなのがあって、竹が切って捨てられています。二人が開発した遊びは、五メートルくらいの竹の先端を持って、娘が中心になり竹を回し、くーちゃんと僕がその回っている竹に当たらないようにタイミングを見計らってジャンプするという、大胆かつ危険なものでした。「まずは見とけ」と言われ、娘とくー

ちゃんがその遊び、いやゲームのやり方を教えてくれます。地面はコンクリートです。娘が竹を持って回ると、五メートルある竹の先端がたまにコンクリートに当たって「シャッ！　シャシャ！　シャッ！　チッチッ」と音を出します。

その先端に当たったら負けなのですが、僕の番になったとたん竹を回す高さを変えてきて、思いっきり脇腹に当たります。十が最高だとすると七くらい痛いです。

娘はダメージを負って倒れている僕のところにやってきて「カッカッカッカッカ」と「カ」だけで腹を抱えて笑っています。くーちゃんは「次は自分のターンだ」と言わんばかりに定位置に立って、娘が竹を回すのを待っています。僕が「心配せんかーい」と言うと、くーちゃんはこちらを一切見ずに「大丈夫やろ、それぐらい。弱いな」と弱い者扱いをしてきます。が、めちゃくちゃ楽しいです。全力でやってくるところも、気にせず笑うところも。

僕は娘に「お前」と呼ばれています。たまに「パパ」と呼ばれますが、七対三で「お前」が多いです。調子がいいと「貴様」の日もあります。

なぜ怒らないんですか？　親に向かってそんな口の利き方させていいんですか？

バカなんですか？　ゴリラなんですか？　おい、ゴリラは余計やろ！

ＴｉｋＴｏｋをやり始めた頃は「親に向かって何言ってんねん」「うちなら殺される」的なコメントがたくさんでしたが、今では「森ケはそうだよね」みたいな感じで、それが当たり前になってます。

当然ですが森ケも初めからそうではなくて、「お前とか言うな！」とか怒っていた時もありました。

思い返すと、僕も小さい時、「親に向かって」とか「その口の利き方誰に言ってんねん」「口答えするな」とか言われていました。皆さんも言われたことや、言われてるのを聞いたことがあると思います。僕はあの意味が分からなかった。にもかかわらず「お前」と言ってくる娘に「お前って言うな」と同じことを言っていました。皆さんも「それは親として言わないといけないよね」って思ったはずです。僕もその時そう思いました。親に向かって「お前」なんて言っちゃいけないって。

でも僕が「お前って言うな」って娘に言った時に、娘から**「お前にお前って言ったら何があかんの？　お前も私にお前って言ってるのに、お前なんなん？　偉いんか？」**って言われて。それ言われた時にハッてなって。それ以来みんなからお前って呼ばれてます。今では**仲いいからこそ言い合える**とすら思って、この呼ばれ方が気に入ってます。

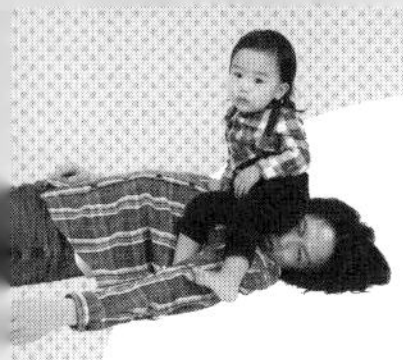

こんなふうに、うちの子どもたちは親に向かって遠慮が一切ありません。でも、僕は逆に**親扱いされないことが嬉しい**です。友達になりたいので、全然いいと思っています。

視聴者さんからは、「家族みんな仲よし」や「パパ、娘と仲よくて羨ましい」「友達みたい」などと言われます。

ですが、「友達みたい」ではなく、僕は**本気で「友達」になろう**としています。

僕は、育ってきた環境の事情で、「父親」というのがよく分かりません。むしろ、父親が大嫌いでした。娘が生まれてきた時はそれでかなり悩みました。父親がどんな役割を担って何をすればいいのか？　父親って一体なんなのか？　僕には理想の父親像が描けなかったのです。

そんな時、僕には、多くはないけど深い友達がいることを思い出しました。

僕は、友達のことは好きでした。だから、子どもに対しても父親になるのはやめよう、「友達」になろうと思いました。

友達のなり方って人それぞれやと思いますが、僕は**相手に興味を持つこと**から始まるんじゃないかと考えています。

興味は好意だと思っていて、**好意を持って相手を知ろうとする、分かろうとすることが第一ステップ**ではないでしょうか。

いきなり暗い話をしますが、僕は小学校四年生の時いじめられていました。みんなから嫌がられて、クラス全員から無視をされました。その理由はたぶん、人を雑に扱っていたから。当時の僕は、人の物は壊すし、友達に手は出すし、大体の保護者から嫌われていて、ＰＴＡ界隈は僕の話で持ち切りだったと思います。

当時の僕はクラスのボス的存在で、校長先生にまでボスと呼ばれていました。先輩を泣かせたり、授業に出ずに校内のさくらんぼの木に登ってずっとさくらんぼを食べていたり、二日連続で窓ガラスを割ったり。偉そうにしていて人の気持ちを考えることができない子どもでした。

ある日学校に行くと、クラスのみんなの様子が違います。

いつも遊んでる友達に「おはよう」と言うと逃げられます。回り込み「おーい、おはよう」と言うと「話しかけてこないで」と言われました。

クラスにはもう一人ボス的存在がいて、そいつがみんなに無視するように命令した

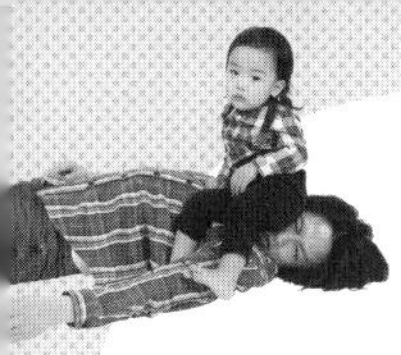

ようです。ちなみに僕の小学校は田舎で、一学年に一クラスしかなかったので、同級生はクラスメイトのみです。

初めは強がっていましたが、何カ月間も無視をされ続けて、さすがにキツくなってきました。放課後毎日遊びに行っていたやつがいきなり遊びに行かなくなったので、家族が心配して聞いてくるのも辛かったです。

教室にいるのもしんどいので、休み時間は外に出て誰からも見えないところに行きます。こんな時間が永遠に続くような気がして、怖くなりました。毎日学校に行くのが嫌でした。あの時の匂いとか、テレビのCMとか細かいことも鮮明に覚えていて、思い出すと吐きそうです。被害者づらしていますが、悪いのは僕なんですけどね。僕はそれがトラウマになりました。

このことがあってから、**人に対してどう接すればいいのか**を必死で考えました。どんなことをすると人が嫌がるのか、悲しむのか、めちゃくちゃ考えるようになりました。そして、**友達の大切さ**をここで学びました。どうやったら仲よくなれるのか、どうすれば喜んでくれるのか？　表情や雰囲気、本当はどう思ってるのか、何が友達なのかを毎日毎日考えていました。

そして中学校に入り、仲のいい友達七人に出会いました。そこで出会った友達は、家庭環境が悪かった僕にとって家族以上の存在になりました。毎日一緒にいました。

僕が考えた仲のいい基準は、**なんでも言える**こと。なんでも言えるっていうのはマイナスなことも言えるってこと。

七人の中に父親の顔を知らないやつがいました。僕らは、そのことを普通にそいつに言います。「お前親父の顔見たことないやんな」と。するとそいつは悲しむでもなく、「黙れ！」とツッコみます。そいつの兄の友達は、そんな僕らの会話を聞いて、よくそんなこと言えるなと言っていました。

普通そんなこと言わないと思いますが、欠点をいじってみんなで笑ったり、僕もボロカスに言われたり。**いいことも悪いことも全てプラスに変えられる関係性こそ、仲がいいということ**なんだと学びました。

森ケが「息くさい」とか「デブ」とか「ブス」とか言い合うのはここからきていて、**言われても嫌だと思わないくらい仲よくなって、不快に思わないようにおもしろく感じる関係性ができている**んです。

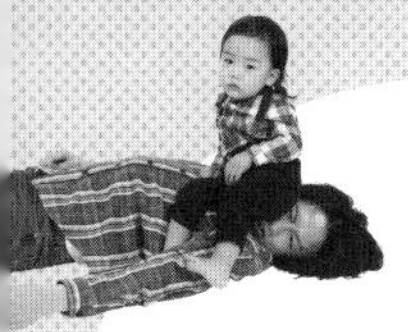

あの時の辛い経験があったからこそ、本当に楽しい仲のいい友達ができて、その友達との関係性が今を作っています。

娘に「お前」と呼ばれても何も思わないのも、友達といた時も「お前」と呼び合っていたからです。好きなやつにならなんと呼ばれてもいいし、仲がいいからマイナスを伝えられる。

「親失格、父親失格、ちゃんと教えろ」とか言われそうですが、僕は正しい父親がどんなのか知らないいし、僕の知ってる父親にいいイメージなんてないです。

僕は**自分が経験したことしかできない**と思っていて、いい親父を知らないからいい親父にはなれない。でも大切な友達の作り方は知ってる。

いい親父にはなれないけど、いい友達にはなれるはずです。相手のことを思っていたら、関係や立場は関係ないと思っています。

娘に「お前」と言われて怒らないのは僕にとっては普通で当たり前です。僕は父親じゃなくて友達だから。「お前」がいいんです。

子どもは友達

子どもと友達になりたいという話をしましたが、人と「お前」と呼べるくらいまでの親しい関係性を築くためには何が必要でしょうか。

僕の出した答えは、**相手を知ること**です。その人よりその人を知ること。


子どもと接する時も同じだと思います。

親だから、大人だからじゃなくて、「友達」ならどうかって考える。

そのためには知る努力をしないといけない。ママと毎日子どものことを喋るのも、全部を知るためです。自分のことを知ってくれてたら嬉しいじゃないですか？ **知ってくれてることの数が仲のよさや信頼感、知ってることの数が楽しさに比例してる**と思っています。


スポーツでも、例えば野球のルールが分かって見るのと、分からないのとでは楽し

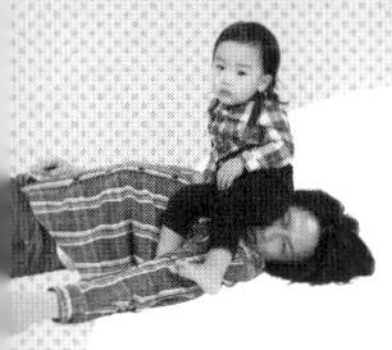

さが違います。選手のことやルールを深く知ると、同じ知識を持っている人とも話が合うし、話していてより楽しいはずです。子どももそれと同じで、知らないと楽しくありません。

ママとは、子どもたちの話をしない日はありません。**毎日必ず子どもの「何か」について話をします。**

その「何か」というのは、子どもたちができるようになったこと、しなくなったこと、好きなこと、苦手なこと、ケガしたこと……。ママとはお互いが見つけた子どもたちの成長や発見、いいことも悪いことも全部喋ります。

もともと僕は仕事ばっかりしてたので、僕が子どもたちといない間の出来事をママが僕に教えてくれていました。これは森ケだけじゃなく、父ちゃんあるあるだと思います。

子どもたちの成長はすこぶる早いです。本当にあっという間。僕は家にいる時は基本はずっと子どもたちを見ています。どんな時に喜んでどんな時に怒るのか、何が好きで今何を思ってるのか見ていく。ちょっと見るのをやめるとすぐ変わっている。兄弟だからとか姉妹だからとかは関係なくて、全員性格が違うし、考え方も違う。

しかも家族って甘えがちになる。娘やから、息子やから、まぁええか、みたいな。**関係を築くっていうのは本気じゃないとできない**ことだから、適当にしたら適当な関係になってしまう。家ではゆっくりしたいし、できれば寝ておきたいと思うけど、そこで観察をやめてしまったらもったいないと思うんです。

「森ケみたいな親子関係になりたいです」って言ってくれる方もいるんですけど、友達になるためには努力が必要です。

しかも一日だけやればいいもんじゃなくて、ずっと続けていかなければいけません。でも、そんなことをしていると、成長も見える、仲よくもなれる。どんどん子どもたちの態度・対応が変わってきて嬉しいから、もっと知りたくなる好循環が生まれる。

僕だけでは見えないところもあるから、そこをママに聞いて教えてもらう。もちろん僕の発見もいっぱいあるから、それはそれでママに教える。

「最近カチこうだよ」とか「娘がこんなこと言ってたよ」「くーちゃんまたフルーツ勝手に買ってきてた」とかママと擦り合わせをする。

ママに見せる顔、パパに見せる顔、家族みんなでいる時の顔、相手によって全て違う。僕一人では見えない部分があるし、ママも僕も見るところが違うから、話していると、そんなこと言うんだ、そんなことするんだみたいな情報が毎日あって、自分一人より、ママと共有することでより深く知れて、深く仲よくなれます。

ママとだけじゃなくて、娘とくーちゃんや暴走ブラザーズの話をしたり、くーちゃんと娘やママの話をしたりして、**いろんな方向から家族の「知ってる」を増やしています。**

もちろん、**直接聞いて知る**こともあります。

今日何があったとか、今何してるかとか、人って毎日気持ちが違うじゃないですか。同じ時間に起きたのに眠たい時とか、あんまりご飯食べてないのにお腹空かない日とか。機嫌もそうで、外で何かあって機嫌が悪いのか、それともただ機嫌が悪いだけなのか。毎日見てると、その微妙な変化に気づけるようになってきます。

質問した時の返答でも、全ては分からないとしても、何かあったのかなかったのか大体分かるようになってくる。


分からない時は、ゲームを一緒にしようと誘ったり、コンビニにアイスを買いに行ったり、みんなで散歩に誘ったりと楽しいことをするようにして、できるだけ娘たちの今の気持ちが分かるようにしています。機嫌を取っているのではなくて、何かあったかを知るためにやってます。


森ケはよく「息くさい」とか「ブス」とか「皮膚ジジイ」とか家族で言い合ったりします。（さすがに皮膚ジジイはないやろ！）

こんなこと、親子で言い合わないと思いますし、絶対言わない方がいいと思いますが、僕たちはお互いによく知っていて、積み上げてきた関係があるから言い合える。

常識的には言わない方がいいでしょうけど、「息くさい」が言えることって仲のよさのバロメーターなんじゃないかとすら思っています（笑）。

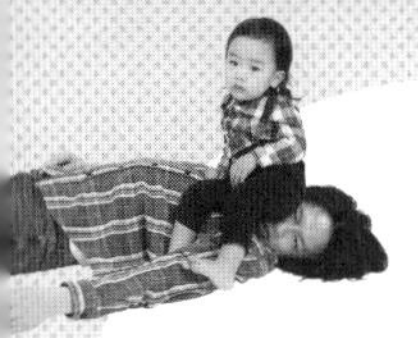

よく「子育ての秘訣は？」「意識していることは？」って聞かれますが、僕はそもそも子育てと思っていません。**めっちゃ仲いいやつらと暮らしてる**感じ。

親って安心な存在だけどおもんない。友達って楽しいけどずっといたら疲れたりする。**安心できるのにめっちゃおもろくて、自分のことめっちゃ知ってくれている存在って親の立場じゃないとなれない。**親の立場から友達になりにいく。子育ては分からないけど、僕はそうやってます。

秘訣や意識していることは**「親」にならない**こと。僕はアイツらの一番の理解者で一番の友達になりたい。

『知る』が全て

僕たち夫婦は子どものことをとにかくよく見て、分かったことを互いに逐一話しているわけですが、知ったことをどうやって家族に還元しているのか、振り返ってみます。

まず、**ママと話した内容をそのまま娘に言ったりします**。

「最近やたら家事手伝いしてくれるなぁ、ママがめっちゃ助かるって言ってた、ありがとう」とかを直接言います。**恥ずかしがらずに「ありがとう」とちゃんと伝える**。そうすると、相手はちゃんと見てくれてるんだ、ちゃんと知ってくれてるんだと安心すると思います。

もちろん逆もあって、**ママと悪いことを共有したら、それも伝えます**。

「おい、またママキレさせたらしいな。ママ、キレすぎてお前の話してる時、イライ

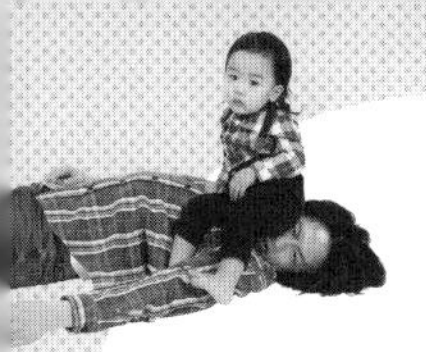

ラして貧乏ゆすりで家揺れてたで」

ママが一度怒ったのに僕まで怒ってしまうと萎縮させてしまうだけなので、**ボケ交じりで話す**ようにしています。すると、その時本当はこうだったとか、あの時はそうするしかなかったとか、娘の本音が分かったりします。娘は怒られた時に理由を言わないこともあるから、後で聞くと実は娘が怒られる内容じゃなかったりします。その時はちゃんと謝ります。

親として完璧でいよう、正しい行動をしようと思っていると、謝れなくなるんですよね。謝るってことは間違いを認めることだから。

でも、そうやって**上に立って子どもをナメても、アイツらには通用しません。謝って距離を近くした方が伝わります。**

だから、日頃から「パパは間違えるよ」「間違えたことしたら、謝るから。ごめんな」って伝えています。「ちょっと、さっきの言い方はよくなかったな、ごめん」「お前の方が正しかったな、ごめん」ってすぐ、頭下げます。

そうすると、子どもたちは笑って許してくれて、歩み寄ってくれる。この繰り返しで、信頼感が生まれていくと思います。

あとは、**相手の好きな物を知る**ことも大事だと思っています。欲しい物を知っておいて、それを買って、不意に渡したり、手伝ってくれたお礼としてプレゼントしたりする。自分の好きな物を知ってくれて、さらに買っておいてくれたんだ、みたいに喜んでくれます。

くーちゃんは食べることが好きで、料理を作るのも好き。料理が好きになったのはママの影響です。ママは買い出しに行く前に作る料理を決めてその食材を買ってくるのですが、何を買ってきてもことごとくくーちゃんが食べていくので、料理ができないとよくブチギレています（笑）。

きゅうりにハマった時期は、家にあるきゅうりを全て食らい尽くしていて、ママに怒られるからと、自分できゅうりを買ってくるようになったこともありました。くーちゃんはきゅうりのたたきが好きだったので、僕も同じようにきゅうりのたたきを作ってくーちゃんと食べるということをしていました。

相手の好きなことを一緒にやったり、興味を持ったりして、その感覚や気持ちを知ることで信頼関係も深まります。

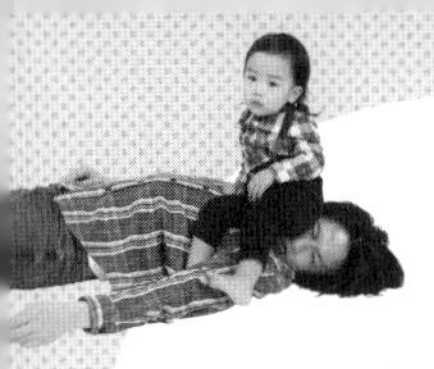

ただ、**すぐに好きな物が変わるから要注意**です。

カチは昔からサメが大好きで、サメのおもちゃ、ベイビーシャークのリュック、いろんな物を買いました。ベイビーシャークの歌を歌って踊っていました。

でも、今はどれも遊んでいませんし、歌も歌ってくれません。

好きな遊び、好きな食べ物、好きなＹｏｕＴｕｂｅ……。どんどん変わっていきます。

くーちゃんにはグミが好きだった時期があって、仕事に出かけた時にそのグミを見つけたので買って帰って、喜んでくれるだろうと目をキラキラさせながら渡したら、「これはもう甘い。もう甘い！　もう甘すぎる、パパが食べ」と受け取ってもらえなかったこともあります。「もう甘い」ってなんやねん！

こんな感じで、どんどん好きな物が変わっていきます。一つ飽きたらまたいろんな新しい好きな物を見つけてくるので、一緒に追うことができて楽しいです。

何かを好きになってから、しばらくして僕が「もう飽きてるやろ？」って言うと図星だったりして、「分かってるやん」みたいな顔をします。

でもまたブームが再燃することもあるし、料理とかジャンルは一緒でも違う角度からハマることもあるから、そのたびに興味を持って、そのたびに一緒に作ったり情報を調べたりして、分からないことの解決法を一緒に探しています。

服が好きな娘のコーディネートにしても、ちゃんと買った物、持ってる物を把握してるからこそ、僕が「あの服と今日の服合わせたらかわいいんちゃう？」とか言った時、娘も信用して受け入れてくれたりします。大体却下ですが。

他にも娘の好きそうなジャンルのインフルエンサーのインスタを送ってみたり、似合いそうな服のＵＲＬを送ってみたりします。大体既読無視ですが。

もちろん、好きなこと、楽しいことだけ共有するわけではありません。アイツらが嫌がるようなこと、例えば暴走ブラザーズなら歯磨きとか、お風呂、保育園の送り迎えも、僕が率先して一緒にやる。

簡単なこと、楽なことしかしないで、子どもが泣くようなしんどいことを避けていたら、心の距離が離れてしまう。楽しいことも、楽しくないことも一緒にやって共有しないと、関係は深まらないと思っています。

僕らが子どもたちをよく見ていることも多少は影響しているんでしょうけど、娘も

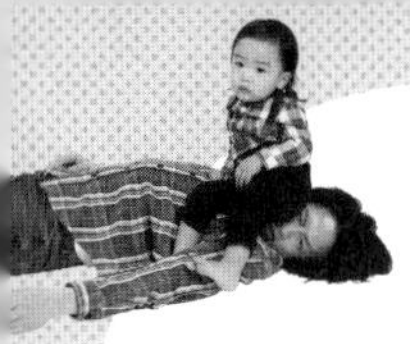

めちゃくちゃ僕らのことを見ていて、驚いたことがあります。
僕はお風呂で体を洗う時、スポンジというか、アカスリでボディーソープを泡立てて、泡を全部絞り出してから使ってたんですけど、ある時娘が「見て、パパの洗い方の真似」と言ってそれを真似してきたんです。
そういう、**僕たちの無意識の行動も全部、子どもたちはしっかりと見ている。**
動画を撮っている時、ママが撮影して娘たちと喋っている時も、子どもらは僕の方を見てるんです。僕がどんな表情をしているのかって。喋ったりアクションを起こしたりするタイミングを、僕をよーく見て、計ってる。

誤魔化せていると思ってるのってこっちだけで、仕事でいろいろあった時も、娘たちが「パパ、何かあった？」って言ってくるんです。

自分では完璧に冷静な自分を演出してるんですけど、娘二人は見抜いてきます。

普通に、「ただいま～」って帰ってきて、こっちはいつも通り接していて、一緒にご飯を食べているのに、「パパ、なんか怒ってる？」って。全然怒ってなんかいなくて、ただ仕事でちょっとした不安、あれどうなったかな、大丈夫かなっていうのが頭のどこかに残っていて、それで一瞬、上の空になっていたんでしょうね。すかさず察知されてしまうので焦ります。しまった、隠せてなかったなと。

娘とくーちゃんが、目線合わせてるんですよね。〝なんかパパ、キレてない？〟っていう意思の疎通を無言でやってる。

「別に、怒ってないけど？」と返すと、「いや、怒ってるって！」「怒ってる！　怒ってる！」って、むしろ煽ってくるんです、アイツらは（笑）。

そこまで深刻な感じじゃないなっていうのが分かると、そこからは〝もっと怒らせたろ〟みたいな感じで、わざとムカつく顔面をしてきたり、目をじっと見て口パクで「ブッサイク」って言ってきたり。

腹立つけど楽しいです。なんでも笑いに持っていく感じが。

こんな感じで、僕たちが知ろうとすると子どもたちも知ろうとしてくれます。

僕の親は、僕のことを知ろうともせず、何も見ず、伝え合うやり取りなんてしないくせに、「勉強しろ」「手伝いしろ」「早く寝ろ」「早く帰ってこい」と子どもにとって嫌なことばかり言って、僕が言うことを聞いてくれないって嘆いていました。

そんなの子どもからしたらウザいってなるの当たり前ですよね。**ちゃんと見て、知って、今僕がどんな気持ちか分かってから言えよ**って思ってました。気分で怒って

世間体ばかり気にして、自分の見え方ばかりを気にして。**周りの目を気にするよりもこっち見てくれよ**って思ってました。

大人になると仕方ないこともありますけど、**嫌いな人の意見なんて、どれだけ正しくても聞きたくない**ですよ。だから、**普段からちゃんと相手を思って、ちゃんと人として認めて、目を見て話をして、それを積み重ねて初めて、僕たち大人の声がアイツらに届く**と思う。

僕は昔子どもやったことがあるけど、アイツらはまだ大人になったことがない。だから**アイツらの気持ちを分かってやれるのは大人だけ。**大人が分かってやらないと誰が分かってやれるんだと思うんです。

僕にとって最初で最後の家族だから大切にしたい。大切にすることって何かを買ってあげることでも、優しい言葉をかけてあげることでも、気を使うことでもなくて、「知る」ことだと思います。

「どんな言葉をかけたら子どもが言うことを聞いてくれるか」みたいなテクニックなんてなくて、**その子のことを深く「知る」ことで全てが解決する**と信じています。

二十歳になったらやらない

子どもって何考えてるか分からない、子どもって不思議、子どもって大変、子育て頑張ってるのすごい、お金がかかる、とか、子どもや子育てに対してマイナスなイメージで表現されているのを多く見かけます。

ワンオペなんて言葉もそうです。一人で子ども見てすごい、みたいな。僕はあれを見るたび、「自分たちが産んだのに、なんで無理してやってるみたいな感じやねん」って思います。確かに一人で見るのは大変ですけど。

森ケなんて、暴走破壊デンジャラスブラザーズがいますから、片付けても振り返ると元に戻ってるし、ご飯は全身で食べられるし、電化製品は水没させるものと思われているみたいな状況です。でも、「なんで?」とは思いません。それは僕たちの子どもだから。**言うことを聞かないのは、言うことを聞くような親から生まれてきていないから。**僕たちがそうだから。トンビは鷹を産まないです。

だって、パソコンを水に浸けてくれ、テレビの画面をぶっ壊してくれなんて頼んでないのにやってくれますからね。人生でテレビを二回も三回も壊した子どもも、壊された親もなかなかいないとは思いますが（笑）。

普通なら「子どもが何を考えて悪さをするのか分からない」とか悩むところかもしれませんが、**まず分かるはずないし、悪いって分かってたらそんなことするはずがない。子どものせいなんて一つもなくて、子どもに壁を作っている親が悪い**と思います。

僕たちも初めはご飯を机の上に塗り込まれるのを嫌がっていたし、発狂していました。なぜこんなことするんだ、もったいないやろ！　そのくせ机に塗り込んだ分ご飯食べられてないから、後で腹減ったと言って大泣きする。もうアホでしかない。

でもそんな時は、**二十歳になったら、いやあと五年後には、こんなこと「やって」って言ってもやってくれへんのやろな**って思えば、今のうちに記念に動画に収めとこって思えます。

怒らない理由

子どもといると、「ホンマこいつ……」とイライラしてしまうことも多いですよね。**五歳くらいまでの子どもは摩訶不思議奇想天外行動をします。**カチ、オク、ナツの三人、合わせて暴走ブラザーズは毎日毎日そんな感じです。

発泡スチロールを階段の壁で大根おろしみたいにすって雪景色にしたり、冷蔵庫の上から飛んだり、服を全部出してきてベランダで洗ってみたりします。

この前も、とんだ入浴事件がありました。

風呂場の扉は片桐はいり似の長男、カチの蹴りによって穴を開けられているのですが、ある日、僕がお風呂に入って浴槽に浸かっていると、カチがやってきて「おい！ゴリラ、びしょびしょゴリラ」と言いながら、自分が開けた風穴から覗き込んで、穴から見える父親にゴリラゴリラと言ってきました。僕が「なんや」と言うと、カチは「いいんだなぁ？　本当にいいんだなあ」と前置きも何もなく言ってくるので、「なん

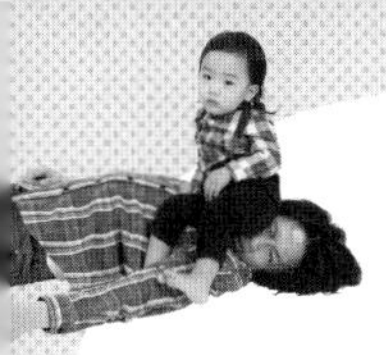

やねん」と返すと、カチはどこかに行きました。

そして何かを持って戻ってきたカチが「これでも食らえぇー」と言いながら、風穴から液体をドバドバ出してきます。

アイツが持ってきた物は**「ポン酢」**です。あの一番メジャーなポン酢を持ってきたのです。

お風呂場の床が一気に真っ黒になり、ポン酢のポンの匂いが、ポンが何かは分かりませんが、たぶん柑橘系だと思いますが、匂いはポンだらけです。湯気とポン酢が合わさって、風呂がまるで鍋の日のリビングみたいな匂いです。

僕が「コラーボケナスー」と言って浴槽から立ち上がると「ハッハー」と言いながら逃げていきます。腹立つなぁと思いながら、カチが置いていったポン酢をとりあえず洗面台に置いて、もう一度浴槽に入りお湯に浸かっていると、こっちに向かってやってくる足音が聞こえます。今度は足音が複数人に増えています。

次に風穴から顔を出したのは次男のオクです。ものすごい笑顔で穴から手を振ってきて、手を振り返すとすりガラス越しにオクも何かを持っています。そしてその穴から持っている物を投げ入れてきます。納豆です。丸いタイプではなく四角い容器の納豆です。投げ入れると次はカチが顔を出して「食べてみろよ」と言ってきます。「食えるかー持って帰れやぁ」と言うと、オクが二パック目の納豆を投入してきます。三パック入りの納豆のうち二パックがお風呂用になってしまいました。そしてカチとオクは、口々に「食べてみろよ」と言いながら、納豆をそのままにして走り去っていきました。

暴走ブラザーズがやんちゃをする動画や食べ物を粗末にする動画をあげていると、「なぜ怒らないんですか？」「一発しばかないと分からないですよ」的なＤＭやコメントをいただくことがあります。でも森ケはそんなことはしません。

五歳くらいまでの子どもは、その子にもよりますが、まだ**言葉の意味を理解できません。**

例えばポン酢をあんなふうに風呂で撒かれた時、僕たちは「もったいない」と思うでしょう。でもアイツらからすると**「もったいない」の意味が分からない**のに「コラァーもったいないやろ！　そんなすんなボケェ！」とキレたとしても、理解していないのでなんの意味もありません。

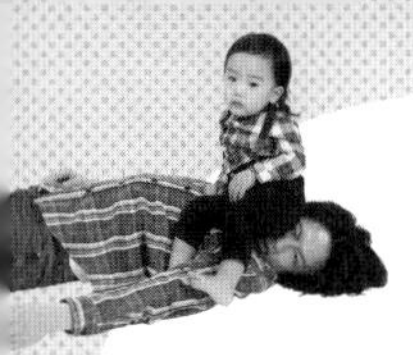

あと「作ってくれた人に申し訳ない」とかも、社会に出たこともない子どもたちには、**作ってる人への想像力も、作ってくれたことに感謝する感覚もないし、申し訳ないなんて思うはずがありません。**大人の感覚で言っても意味がないんです。

でもやめさせたいから、やめさせるために怒鳴ったり、叩いたりする。その時はやめるかもしれませんが、それは親の顔色を窺(うかが)ってるだけ、萎縮してるだけです。怒っている意味を分からないやつらに、子どもが理解できてないということを理解していない親が怒鳴っても意味がない。

親がそうやって〝教育〟をしていると、怒ったり叩いたりすることがその子の解決方法になります。**子どもは意味が分からなくても行動は真似する**からです。

親がタバコを吸ってたらタバコ吸う真似とかするじゃないですか？　だから叩く・怒鳴る行動を真似するようになるんです。自分もそれで親の言うことを聞いたから、相手にも同じようにすればいいんだと思って。悪いことをやめさせるためにキレたり叩いたりすると、子どもはさらにキレたり叩いたりするようになると思います。

ＴｉｋＴｏｋやＹｏｕＴｕｂｅで、僕がカチやオクに棒でしばかれたりしている動画があると思います。

あれは動画だから怒っていないのではなくて、動画を撮っていなくても怒りません。

アイツらが怒っていても、僕はふざけたり笑わせたりしていました。

するとどうなるかというと、カチは、弟たちが怒って車のおもちゃを投げつけたり、銃で殴ったりしても、仕返さずに笑ってふざけたりして僕と同じ反応をするんです。

僕がカチに叩かれた時に叩き返していたら、やり返すカチになってると思います。

叩けば叩く子になるし、怒鳴れば怒鳴る子になる。

なぜなら、叩かれて痛かったから、怒鳴られて怖かったからやめようと自分が思ったなら、自分も同じことをすれば相手を同じ気持ちにさせられると学習するから。

困った時に暴力や強い言葉で解決する子にしたいのなら別ですが、そんな人はほとんどいないでしょう。

感情に任せて怒るのは誰でもできるし、それでやめさせられても、結果自分たちがなってほしくないアイツらになってしまいます。

食べ物をぐちゃぐちゃにしたり、部屋中トイレットペーパーまみれにしたり、物を大切にしなかったとしても、アイツらも何回もやってると飽きてくるんです。カチは毎日ペットボトルの水をリビングに撒いていたのに、しばらくして「最近やらなくなってるな」みたいになりました。前にママと実験したのですが、水の入った二リットルのペットボトルをカチの前に置いても何もしなくて、「水で遊ばへんの？」って聞いたら「濡れるから」って答えたんです。

毎日撒いて、濡れて着替えがなくなっていたカチから「濡れるから」って返ってきたことに、とても感動したと同時に寂しさすら感じました。

アイツらも**「飽き」という名の成長**をしますし、**言葉の意味がちゃんと分かるようになったら改めて教えればいい。**だから、子どもたちが小さいうちは、森ケは**真似してほしいことを行動で見せています。**

真似してほしいことというのは、自分より弱いやつらへの優しさや思いやり、困っている人に対してどうするか。泣いてたらヨシヨシしたり思いっきり抱きしめたり、ケガしたら絆創膏(ばんそうこう)を持ってきたり、人の痛みが分かる人、与えられるより与える人になってほしいんです。僕たちが率先して利他的な行動をしていると、子どもたちは見てくれていて、娘は自分の物を買うよりも、ばあちゃんにお金を使っています。くーちゃんも弟たちに果物を分けてあげているし、カチも弟たちをたくさん笑わせています。こういう喜びや幸せを作るためのアクションを起こせた時には、びっくりするほど褒めています。

アイツらはもちろん怒られたいとは思っていません。それよりも何よりも褒められたいと思っている。**五歳くらいまでは怒らなくていいから、悪いことをやめさせるより、やってほしいことを自分たちが見せて、それをやってくれたら褒めるのを繰り返す。**それでいつか言葉の意味が分かるようになってきたら、そこで初めて伝えればいいと思います。

昔読んだ島田紳助の本にこんなことが書いてありました。

「子どもは親の真似をするんじゃなくて、親が楽しくやってることを真似する。だからピアノをさせたいなら親が楽しくピアノを弾く。勉強をさせたいなら親が勉強を楽しくやってる姿を見せる」

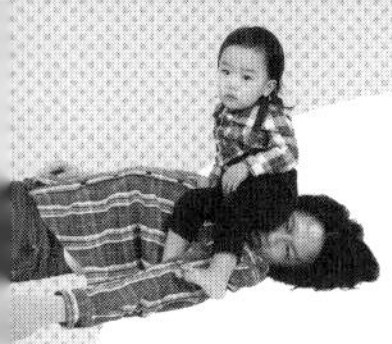

確かに、「勉強しろ」「将来困るから」って言われても、親が勉強してるところを見たことがなかったり、しないと何が困るのか、勉強をすると何がメリットになるのかも分からなかったりしたら、普通はやらないですよね。

善悪の判断をしない子どもは、いいところも悪いところも真似するから、子どもを直す、変えるというスタンスじゃなくて、**自分たちの接し方や考え方を変えるだけで楽になる**と思います。

僕たちも初めから怒ってなかったわけじゃなくて、少しずつ変えていきました。ママがよく言ってる**「片付けなんて五分で終わる」**は本当にそうだなと思っています。汚されても、片付けた物をまた出されても五分あれば片付けられる。でも怒鳴ってしまったら、子どもたちの寝顔を見た時に「なんであんなに怒ってしまったんだろう」と後悔する。その後ずっと。

それなら五分で片付けた方が、お互いにハッピーじゃないかなって思います。

じいちゃんに学んだ怒り方

「森ケは怒らない」とはいっても、なんでも怒らないわけではなくて、怒ることもあります。それはどんなふうに、どんな時なのか。その話をする前に、僕のじいちゃんの話をさせてください。

なんでいきなりじいちゃんの話やねん！　と思っていることでしょう。実は、僕の子どもたちに対する接し方はじいちゃんの影響を受けています。

僕はじいちゃんとばあちゃんに育てられました。二人からいろんなことを学びましたが、特に**子どもとの関わり方はじいちゃんから学んだことが多い**です。

だから、まずは僕のじいちゃんの話を聞いてください。

想像してもらいやすいように、僕のじいちゃんがどんな人やったか説明します。

髪型はちょっと前の日本の総理大臣の小泉純一郎みたいで、ザ・ドリフターズのいかりや長介みたいな顔面をしています。分からない人はググってみてください。

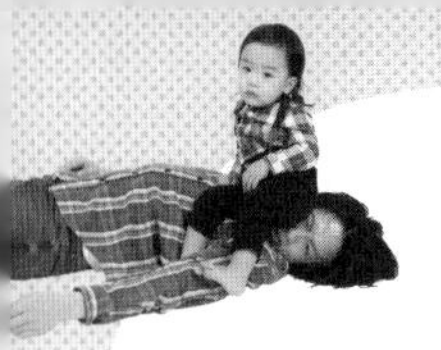

僕が小学生の時には野球部の監督をしていて、部員に対してすぐに「アホ、ボケ」と言って、よく保護者からクレームが来ていました。とにかく短気でよく怒ります。

酒が大好きで、朝から晩まで飲みます。

いつもリビングのソファーの真ん中にあぐらをかいて座っていて、どんな時も同じ姿勢で、手をパーにして太ももに置き、テレビを見ています。僕が遊びに行って帰ってきても、変わってるのはテレビのチャンネルくらいで、動いてないのかなと思うほど、同じ場所にずっと座っていて、まるでテディベアです。

そして、コメンテーターの発言や外れた天気予報に対して、テレビに向かって暴言を吐きます。

「晴れやないかボケぇ！　ちゃんと空見んかい！　代われぇぇ」

晴れでも雨でも関係なく、外したらキレます。

代われと言って自分をキャスティングしようとしています。

暴言クレームテディベアです。

こんな荒くれ者みたいな感じですが、車の運転となるととてつもなくビビりで、愛車のクラウンを運転する時は、両手でハンドルをガチガチに握って、これでもかと言わんばかりに腕をまっすぐ伸ばし、ただ前を見ながら、どんな道も三〇キロで走ります。遅すぎて、後続の車にクラクション鳴らされまくります。鳴らされると、短気なじいちゃんはガチガチにハンドルを握りしめながら「やかましぃぃ！　抜いていけぇ！」と怒鳴ります。

じいちゃんに送迎してもらうと三十分で着くはずのところが二時間かかります。

じいちゃん、いやテディのイメージは大体できたでしょうか？

そんなじいちゃんですが、**的確にバシッと言ってくれたり、思いもよらないアドバイスをくれたりする**ので、僕はいろんな相談をしていました。

僕が二日酔いになった時にじいちゃんに助けを求めたら、「二日酔いになるようなやつは酒飲むな。ヤクルトでも飲んどけ」と、乳酸菌を増やすようアドバイスをくれました。

ヒヨコが瀕死状態になった時にじいちゃんに助けを求めたら、「酒に一味唐辛子を入れて飲ませろ。一杯飲ませたら大体治る」と、根性ヤブ医者みたいな解決法を教え

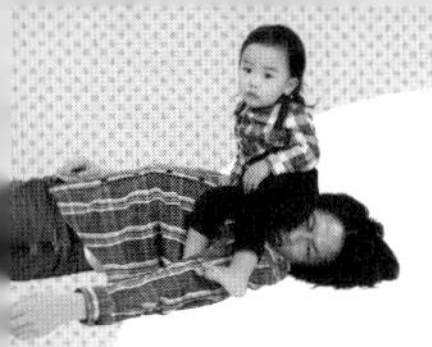

てくれました。
足が速かったじいちゃんに五〇メートル走で勝つコツを聞いた時には、「鉄砲（スタートの合図）が鳴る前に走り出せ」とルールを破ることを教えてくれました。
野球の練習で目にボールが当たってじいちゃんに助けを求めた時には、「飛んできたボールが目に当たるようなどんくさいやつは野球すな。ラッパでも吹いとけ」と吹奏楽部を勧めてくれました。
ぶっきらぼうで突き放したような言い方をしながらも、後で必ず治療をしてくれたり、野球で疲れたふくらはぎをお風呂で揉んでくれたりしました。

孫にヘコヘコせず、オラオラと言いたいことや思ったことを言ってくれるじいちゃんは、言葉はキツいのになぜか温かさに溢れていました。よく怒られましたが、怒られるたびに愛情が伝わってくるような人でした。

愛情があるから怒る。**言葉に愛情を乗せ、その上で気持ちを込めて何かを伝える。**

だから、じいちゃんが僕にしたように、僕も気を使ったりヘコヘコしたりせず、子どもたちに思いを込めて怒っています。

そして次はどんな時に怒るかですが、三つあります。

一つ目は**ずるいことをした時**。人のせいにしたり、自分だけ得をしようとしたりした時。そうならないように、森ケではできる限り全員を平等に扱っています。でも、例えば一人で美味しい物を全部食べ切ろうとしていたら、「独り占めして楽しいか？みんなにも分けようや」と提案したりします。

二つ目は**挑戦しない時**。失敗を恐れて行動しない時には注意します。

ママなんてまさにそうで、一人でご飯も食べに行けないし、車で県外にも行けないし、地元から離れるなんてありえないっていうような、性格は鬼のくせに挑戦や冒険はしない人でした。

引っ越しの前にも、「スーパーに一人で行けない」とか言っていました。でも引っ越して一カ月くらい経つと、「余裕やな、どこ住んでも変わらへんやん」と言って、今では「海外に住もう」とママから言ってくるくらい、たくましくなりました。

不安なことって、大体はただやってないだけ。やってないから不安なだけ。

いざやってみると全部「こんなもんか、楽勝やな」と思えるでしょう。

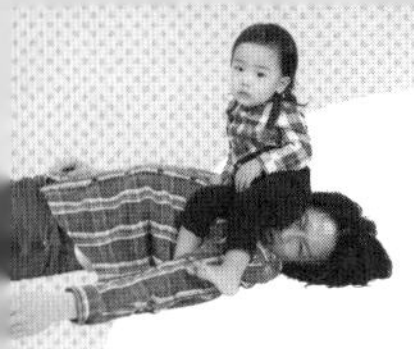

引っ越してそれが失敗なら、帰ればいい。何かにチャレンジすることで、失敗しても成功しても経験が残ります。

経験は知恵に変わります。知恵は絶対になくなりません。

何かに挑戦して、いろんなことを調べて行動する中で、うまくいかないことも出てきます。そんな問題を一つひとつ解決していくことで、生きていくための知恵が身につきます。知恵さえあれば、怖いものも心配もなくなります。だから、挑戦しないと怒りますし、やらせます。

三つ目は**命に関わるようなことをした時**です。当たり前かもしれませんがブチギレます。これもじいちゃんの影響を受けています。

僕のじいちゃんは僕が学校に行く時や遊びに出かける前に必ず「気をつけろよ！」とキレ気味に言ってきました。

その理由は、じいちゃんのせいでじいちゃんの弟が亡くなったから。

この話は、僕が保育園児の時に初めてじいちゃんから聞いたのですが、幼いながら心に深く刻まれるような感覚がありました。それからも、じいちゃんにはこの話を何度かしてもらったことがあります。

この話を初めてしてくれた時、じいちゃんはすーっと深呼吸をして、気持ちを落ち着かせてから喋り始めました。


じいちゃんが五歳の頃、弟が生まれたそうです。名前は成三。

じいちゃんは産めよ殖やせよの時代に生まれた人なので兄弟が八人くらいいます。

だから、成三のことはじいちゃんがほぼ面倒を見て、子守りをしていたので、成三はとてもじいちゃんに懐いていたそうです。

じいちゃんも成三をすごくかわいがっていました。


じいちゃんの家は仕事の都合で引っ越しが多かったみたいで、じいちゃんが小学校二年生、八歳の時に引っ越しをしたそうです。

その日は転校して初めて友達と遊ぶ日でした。

成三の子守りがあるので、じいちゃんは成三を連れて遊びに行きました。

転校した先の学校の校庭で、じいちゃんは友達二人と成三と遊んでいたそうです。

しかしまだ三歳の成三は小さいので、わがままを言ったり走り回ったり大変です。

じいちゃんは転校したてで友達を作りたいし、二年生で遊びたい盛り。その日だけ

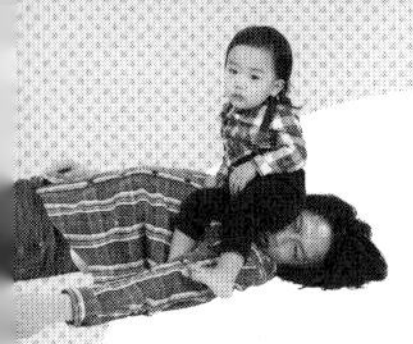

は思いっきり遊びたかったじいちゃんは、喉が渇いてぐずり始めた成三に「一人で家に帰れ」と言って帰らせました。

家は学校から一分くらいの目と鼻の先にありました。

それからしばらくして、暗くなってきたのでじいちゃんは友達と別れ、家に帰りました。すると、帰ってきたじいちゃんを見て、じいちゃんのお母さんが「あれ？　成三は？」と尋ねてきます。

じいちゃんが「えっ、帰ってきてないん？」と返すと、じいちゃんのお母さんは「何してんねん！！！　はよ見てこいボケェ！！！」とすごい剣幕でまくしたて、じいちゃんは家を飛び出して学校周辺を見回ったそうです。

「成三ー、成三ー」

大声で名前を呼びます。どこを捜してもいません。

家族総出で一緒に捜したそうです。

じいちゃんは校舎の裏の方を見に行きました。校舎の裏には鯉を飼う小さな池があります。心の中で何度も祈ったそうです。「成三がそこで遊んでいますように」と。

薄暗い中、池の淵に立ったじいちゃんは、血の気が引いて震えが止まらなくなりました。

成三がうつ伏せになってその池に浮いていたのです。

「セイゾウぉぉーー」


じいちゃんは池に飛び込み、成三を抱きかかえました。

その時にはもう息をしていなかったそうです。

季節は四月。冷たい水の中で成三は亡くなりました。

じいちゃんは八歳です。どうすればいいか分からず大声で泣きました。

するとじいちゃんの兄ちゃんが来て家に連れて帰ってくれました。


近くの病院の先生が家に来てくれましたが、やはり手遅れでした。

先生が帰った後、じいちゃんはお母さんに呼ばれました。

じいちゃんが行くと、お母さんは大粒の涙を流しながら、何も言わずにじいちゃんの左のほっぺたを思いっきり殴ったそうです。そして小さい声で、**「子に先に死なれる辛さはお前には分からん」**と言ったそうです。

じいちゃんは僕に、今でも後悔している、あの日に戻りたいと泣きながら話してくれました。

「死んだら何もできない、命さえあればそれだけでええわ」って言っていました。

じいちゃんはその数年後、お母さんも亡くしています。

もっと甘えたかったたし、いろんな話をしてみたかったたって言っていました。

自分のせいで弟が亡くなる体験や、幼くしてお母さんを亡くした経験を持つじいちゃんの言葉だからこそ、**命の大切さ**がひしひしと伝わってきました。

だから僕が怒るのは、命に関わるような危ないことをした時。

森ケの怒る・怒らないの方針の根底には、じいちゃんの言葉があるのです。

好きなことを、好きなようにやれる人生

――型にはまらない教育方針について、ママは不安がっていたとか。

「やっぱり、自分が歩んできた道とあまりにも違うやり方だと、心配というか不安にはなりました。パパは〝全然大丈夫やん、そんなの〟って感じでしたけど。昔の自分だったらもっと頑なになって、突っぱねていたと思います。でも、パパへの信頼が厚くなっていった時だったので、パパがそう言うなら大丈夫かなと、受け入れることができました。みんなと同じように学校に通っていなくても、今他のことを頑張っているんだったら、別にいいんじゃないかって。どんな環境でもやれることはやれるし、何か勉強したいことができたら、大人になってからやり始めてもいい。今しかできない、今がチャンスなんだって思ったら、それを優先させてもいい。それでも、お前は何よりも〝普通〟が大事だと思うのかってパパに言われて、まぁ確かに、それもそうかと」

――カチくんのジェンダーレスな個性に関しても。

「特に、悩んだりはしていないですね。ちっちゃい頃って、男だから女だからっていう感覚、そんなになかったと思うんです。私も、四歳くらいま

で仮面ライダーとか特撮にしか興味がなかったくらいだし。ヒーローになりたかったことは、今でも覚えています。これからどう変わるかも分からないし、服や格好の好みもそれぞれなので、別にそこは好きにさせてあげたいなと。なんでそんな格好しているの、男の子のくせに、みたいに言われたら傷ついたりせぇへんかなっていう心配はありますけど。もし、本当に女の子になりたいって言うんだったら、それはそれでかわいくていいなって。結婚して子ども作ってってっていうのが全てではないですから、好きなことを、好きなようにやれるような人生を歩んでほしいです」

――他と違うことをするって、勇気がいりますよね。

「そうですね。特に、周囲の目がめちゃくちゃ気になるというか、そこに自分の意思が左右されたりするので、引っ越しのタイミングでSNSをやめたんです。そうしたら、誰の私生活も見えないし、すごく楽になりました。人の目も何も気にせずに家族のことだけを考えていられる。友達と出かけるっていうのも、もう三年くらい、やっていないですね。でも友達作って遊びに行く時間があるんやったら、パパと出かけたいかな（笑）」

うんこの臭い

昔、テレビでたまたま流れていた『釣りバカ日誌5』という映画を観たことがあります。主演の西田敏行が演じる〝ハマちゃん〟は、自分の子どもの柔らかいうんちが手についた時にこんなことを言っていました。
「鯉太郎（ハマちゃんの子ども）のうんちはチーズ」
その言葉を聞いた時、僕は気分が悪くなり、「うんこがチーズなんてありえへん、気持ち悪い、どんな感覚やねん」と思い、吐きそうになりました。

僕は片付けられないくせに潔癖なところがあって、プールのトイレにある濡れたスリッパとかを履くと、鳥肌が立って耳がくすぐったくなりブルッとします。だから、うんちが手につくなんて考えられませんでした。

でも今は〝子育て〟の中でオムツ替えが一番好きです（僕は「子どもを育ててい

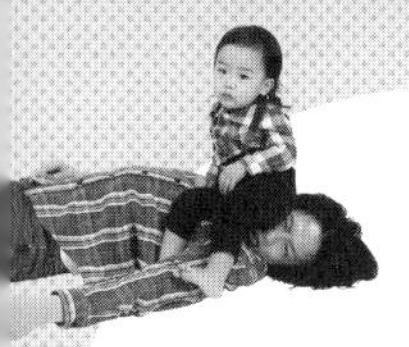

る」とは思っていませんが)。

いや、好きなんかーい！　潔癖ちゃうんかーい！　と思ったでしょうけど、大好きになりました。

むしろ嬉しいし、替えたいからどんどんしてくれと思います。手にうんこがつこうが、オムツを開けた瞬間にオシッコされようが、全然嫌じゃなくなりました。

子育ては本当にいろんなことをしないといけません。

大きく分けると、お風呂、着替え、ご飯を食べさせる、オムツ替え……。

カチのオムツを替えていた時に、ふと、**あと何回カチのオムツを替えられるんだろう**と思いました。

娘たちのオムツは数えられるくらいしか替えてない。ましてや歯磨きなんてしたことがないし、幼稚園の送り迎えも全部、今どんなにやりたいとお願いしてももうできないんだなって思いました。それから考えがガラッと変わり、率先してオムツを替えるようになりました。

すると、どんどん楽しくなっていきました。まるでガチャガチャのようで、次はどんなのが出るかなと心待ちにしています。

暴走ブラザーズはほぼ年子なので、一人一日二回うんこするとすれば六うんこです。仕事もあるので毎日ではありませんが、六うんこ×二百日としても一年に千二百うんこに触れています。

すると僕はあることに気づいたのです。それは**「うんこには個性がある」**ということ。というか、僕は臭いで誰のうんこか分かるようになっていました。これはオクだな、これはカチだなと、利きうんこができるようになっていました。一人ひとりちゃんと特徴がある。同じ物を同じタイミングに食べてるのに臭いが違う。

人ごとに違うだけではありません。カチやオクやナヅを見ていると、毎日表情も機嫌も違うことが分かります。甘えてくる時やトゲトゲして顔面を殴ってくる時、めちゃくちゃ笑う時やめちゃくちゃ泣く時。毎日毎日性格が違います。毎日毎日成長しています。今日のカチ、今日のオク、今日のナヅは、明日にはもういません。

娘たちへの後悔があるから、毎日「今日が最後」と思って接しています。だから仕事で出張とかになるとへこみます。もう二度と後悔しないように、今ずっと一緒にいます。

利きうんこ、皆さんもぜひ試してみてください。

いつか

所谷社長といえばオク、オクといえばなんでしょう？

そうです。ミルク。ミルク。体の半分は、いや、九〇％はミルクです。

自分で哺乳瓶を持ってきて、「作って」と要求して、変なダンスをしたり、笑ったり、泣いたりしながら待っている。

僕は、**毎回オクにミルクを作るのが楽しみ**でした。というのも、今までは母乳で、粉ミルクにしたのはオクからだったからです。母乳だとママを求めるけど、ミルクだったら僕にもできます。僕も求められたいから、進んで、できるだけ僕が担当しました。何千回、何万回とミルクを作ってきました。

雨の日も風の日も旅行に行った日も、家族全員でコロナになった日も。

ですが、それももうすぐ終わりそうです。オクは現在三歳、卒乳の時期です。だんだんミルクを作ってと言わなくなってきました。

去年くーちゃんと終わりを迎えたことがあります。お風呂です。

二〇二二年頃から、くーちゃんもうすぐパパとお風呂入ってくれへんようになるなぁ」と言うと、くーちゃんは、「なんで？　入るよ」と言います。「だんだん大人になってくから。パパとねぇね（娘）一緒にお風呂に入ってないやろ？」と返すと、「くーちゃんはまだいける」と自信満々です。「『いつか』くーちゃんがお風呂入ってくれへん日が来んのかぁ。寂しいなぁ」と僕はつぶやきました。

去年、ついに一緒に入ってくれなくなりました。

いざ終わってみると、お風呂での思い出が蘇ってきます。

お風呂でいろんな話をして、おもちゃで遊んだり、頭を洗ったり、逆にくーちゃんが洗ってくれたり。**日常の中の当たり前が一つなくなりました。**

これからも、水着を着たりすればお風呂に一緒に入ることはできます。でもそれは当たり前ではなくて、特別になります。

子供たちとの当たり前は日常のいろんなところにあります。

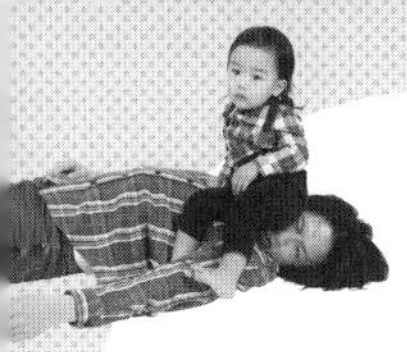

どんなに嫌でも、当たり前が終わる「いつか」は必ずやってくる。

オクの「いつか」のミルクももうそろそろ終わりそうです。

初めて僕と一緒に寝てくれたのがオクでした。それも僕がミルクを作っていたからなのかもしれません。

今は「パパいっちょにねよー」と言ってくれますが、いつか一緒に寝なくなる日が来ます。

うるさくて、家壊されて、ムカつく時もたくさんあるけど、その当たり前もいつか終わると思うと、イライラはスーッて消えていきます。

19という二人組の歌手の「卒業の歌、友達の歌。」の冒頭の歌詞が沁みる毎日です。気になった人は調べてみてください。

「いつか」終わる。「いつか」は必ずやってくる。だから僕たちにとって、今この時間が宝物なんだ！

忘れそうになったら自分に言い聞かせて、後悔しないように、来ないでほしい「いつか」を待つことにします。

お兄ちゃんやから、お姉ちゃんやから

僕は長男、ママは長女。二人とも上にお兄ちゃんやお姉ちゃんがいないタイプです。長子の人は分かると思いますが、事あるごとにやたらめったら「お兄ちゃんでしょ?」「お姉ちゃんでしょ?」「年上なんだから我慢しなさい」と言われていました。家にもよると思いますが、いつでも我慢するのが当たり前でしたね。

僕には弟と妹がいるんですが、弟と喧嘩すると必ず僕が親父にやられます。その四つ下の弟とは小さい頃よく喧嘩をしたのですが、そのたびに弟が泣きます。親父がリビングにいると、リビングの方角に体を向けて、遠くの人に大声で何かを伝える時みたいに手をチョップの手にして口の横に添えて「うわぁぁぁぁん」と大声で泣きます。するとジーニーがアラジンに呼ばれて願いを叶えるように、リビングの方からこちらに向かってくる足音が聞こえます。そして理由も聞かずオヤジーニーは僕をボコボコにします。弟の願いを叶えてきます。そして「兄貴が弟いじめるな!

どっちが悪いとか関係ない。年上のお前が我慢せんかい」と言ってきます。そのたびにいつも僕は思っていました。**兄貴に生まれたくて生まれてきたわけやない**、と。

ある日、コーヒーを飲み込む時「ゴックッ」と大きな音を立てる、コーヒーが好きな親戚のおばちゃんが来ていた時に、僕が弟と喧嘩して怒られました。

「なんで兄貴は我慢すんの？」とそのおばちゃんに聞くと、おばちゃんはコーヒーを飲みながら、「先に生まれた子はゴックッ！　親を独り占めできる。弟は生まれてきた時にゴックッ！　もうあなたがいるから。あなたが一番かわいがってもらえるからよゴックッゴックッ！」って言ってました。

その時はそうかと思っていましたが、後から考えるとそんな赤子の時の記憶あるかい、都合のいいように言うなと思いました。そしてゴクゴクうるさいねん、最後二口飲むな！　と思ったのを今でも覚えています。

そんな自分の経験があるから、**森ケではできるだけ子ども同士を平等に扱う**し、**「お兄ちゃんやから、お姉ちゃんやから」って言葉は絶対口にしません**。生まれてきたくてお兄ちゃんやお姉ちゃんに生まれてきたわけやないからです。

万が一注意しなければいけないことがあっても、納得できる理由をしっかり伝えます。そして、それぞれの好きなことを全力で応援して、全員を一番に愛しています。

もし下の子たちのために我慢してくれたなら、その後に必ず違う形で返してあげる。

「あの時我慢してくれてありがとう。アイス買いに行くか！」と二人きりで買い物に行ったりします。

でも、極力平等にして、我慢させないようにしています。

あの時の自分たちと同じ気持ちにさせないように。

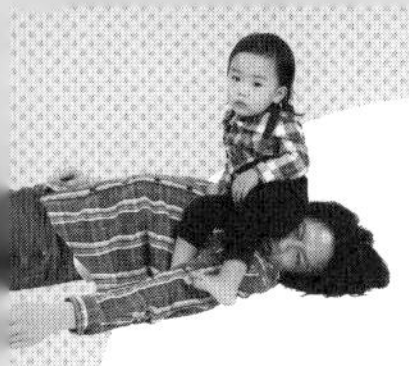

どんなテーマパークよりも

僕たち森ケは旅行に行ったり出かけたりしている動画もあげていますが、僕自身は小さい時に家族でどこかに行った記憶はありません。

家族みんなで水族館に一回だけ行った記憶があるくらいです。

それからしばらくして家族が分解したので、家族みんなで旅行に行くことはもうできなくなりました。家族が分解した話が気になると思いますが、ＰＡＲＴ３で詳しくお話しするのでもうしばらくお待ちください。

話を戻します。

ゴールデンウィークに「ハワイ行きます！」と空港でインタビューされている子どもをテレビで見るたび、僕は、羨ましいな、自分も行ってみたいなといつも思っていました。

その頃、たぶん小学校二年生くらいから、大きくなったら休みの日にハワイやグア

ムに行きたいと思うようになりました。少年の「大きくなったら野球選手になる」くらいの、遠くて大きい目標でした。**いつか自分に家族ができたらハワイに連れていく**というのが、誰にも言っていない自分の中だけでの夢でした。

それからママと出会い、仕事も落ち着いてきて、家族とどこかに行くお金も時間も作れるようになって、いろんなところに連れていけるようになりました。

長男が生まれてからは毎年のように家族が増えたので、長期でどこかに行くのは難しく、まだ夢のハワイには連れていってあげることができてませんが、あと少しで叶いそうです。

でもそんなふうにできるようになったのに、思ってたのとは何か違う。

ディズニーに行っても、ＵＳＪに行っても、初めは楽しいけど何か違うなと思うようになりました。

読んだ本にこんなことが書いてありました。

「幸せとは目の前にある。それが幸せと思えない限り、永遠に幸せになれない」

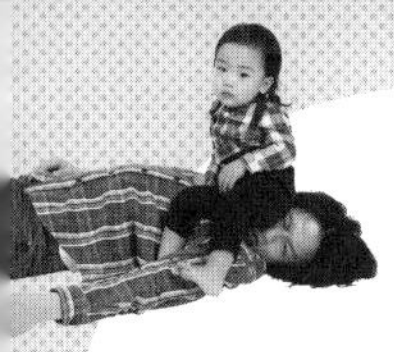

初めて読んだ時には、何を偉そうに言うとんねんと思いました。

しばらくして、ある企業の社長と話す機会がありました。話をしていてどんな時が幸せかと聞くと、「くたくたになるほど仕事をして、帰ってきて寝る前に牛乳に少しだけウイスキーを入れて飲むのが幸せだ」と答えてくれました。

僕も、今ならその本に書かれていたことの意味が分かります。どんなテーマパークに行くよりも、近所のコンビニに買い物に行ったり、家族みんなで散歩したりする時の方が幸せだなと思うのです。

旅行もテーマパークも家族で行くからもちろん楽しいのだけど、子どもたちも、「旅行行くぞ」って言った時より、夜に「おいお前らぁ、散歩行くぞーっ!」って言った時の方が喜んだりします。

幸せはもうそこにあるのに、それに気づくか気づかないかでこんなにも違うんだと思いました。

当たり前に見える、当たり前じゃないこの時間は、どんなテーマパークよりも楽しい。

子ども扱い

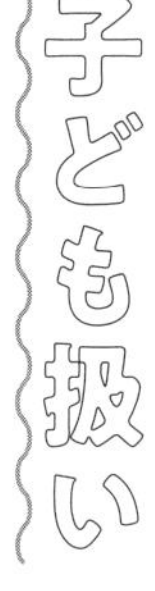

森ケでは普通に娘に奢ってもらったりします。

娘とよくホームセンターのコーナンに行くのですが、ちょっとデカめのコーナンには和菓子の屋台みたいなのが出ています。

僕が「たい焼き食いたい。奢れ」と言うと、娘は「自分で買え」と言ってきます。

「お前に奢ってもらった方がうまい」と粘ると、娘は「やかましい、お前のカード使いまくってやるからな」と言いながら奢ってくれます。

子どもやからこれを選べとか、子どもやから早く寝ろとか、**森ケでは「子どもやから〇〇」は言いません。**大人と同じように接しています。

僕が「子どもって一人の人なんだ。ちゃんと接するようにしよう」という気づきをもらったのは、初めての子どもが娘a.k.aイデオロギーだったからです。

僕がなぜ娘にイデオロギーという名前をつけたかというと、思想が強いというか、

自分の世界観があるからです。物事の捉え方が人と違っていて、僕が持ってない感覚を持っていて、純粋に尊敬しています。
娘は小さい頃から、考え方も会話も大人より大人みたいなやつでした。
以前ダンスに通っていたのですが、全く友達を作りませんでした。ママが「なんで友達と仲よくしないの」と聞くと、「私はダンスをしに来てる。友達を作りに来てるんじゃない」と、まるでアーティストみたいなことを言います。

ＴｉｋＴｏｋのＬＩＶＥ配信では、小学生とは思えないフリやツッコミをかまし、エピソードトークを繰り広げます。僕が喋るのに困っていると、何も言っていないのに助け舟を出して話を切り替えてくれたり、おもんない流れだなと思うと、ペットボトルの水を僕の顔面にかけて悪い空気を一気に変えてくれたりします。

人見知りのくせに、ＬＩＶＥでは場を盛り上げるために一曲歌ったりもして、子どもというより、相方というか、信頼できる存在です。いつも、なんでこんな振る舞いができるんだと驚いています。

娘は人の心が読めるというか、娘には僕ら大人が何を考えているのかが全部バレていて、嘘がつけないというか、子ども騙しが全く効きません。

そんな娘と接しているうちに、子どもとか大人とか関係ないな、という考えを持つようになりました。

人の環境や立場や行動は周りが変えているという説があります。

普通のサラリーマンやアルバイトだった人がいきなり社長になった時、すぐ社長みたいになれるのではなくて、だんだん周りが社長みたいに扱うようになり、そうされることで「俺は社長なんだ、社長みたいにしないと」と社長のような動きになって社長らしくなっていくそうです。

生まれながら社長なんて人いませんし、社長本人ではなく周りが人を社長にさせてるみたいです。

こんな話もあります。

何かで読んだのですが、カナダのプロ・アイスホッケー選手には一月生まれが多いらしいのです。

日本の学校とは学年の計算が違って、そのチームでは同じ年齢の一月から十二月生まれが同じ学年になるそうです。一月生まれは同じ学年の子どもたちの中で一番成長

が進んでいるから、有利になります。

小さい頃は数カ月で成長に差が出るから、チームから「こいつはすごいぞ」「センスがある」と褒められ、みんなに注目され、監督やコーチもその子を優先的に指導していきます。

そうなってくると選手としての成長も早くなり、試合に出て結果が出るから楽しくなってモチベーションが上がり、また頑張る。このサイクルがうまいこと回り、最終的にはプロになるという流れです。

つまり、この二つの話の肝は、**周りからどう扱われたか**だと思います。**人は扱われ方で変わる**んです。

それと同じで、森ケでは**子どもに対して大人みたいに接しています**。

例えば、夜更かししている子どもに親が「早く寝ろ」と言わない分、次の日学校に遅れて怒られるのも自分、眠たいのも自分。

社会に出るとそれが当たり前で、社会に出てから学習するのではその会社や相手様に迷惑がかかる。だから、社会に出てからじゃなく出る前から経験しておく。

「早く寝ろ！」と怒るより、遅刻がなんでダメなのか理由を説明するより、自分が遅刻して怒られたり、寝ないと眠たいんだと経験した方がちゃんと理解できる。

子ども扱いしないのは、もちろん言葉の意味を理解できる小学生になってからですけど。で、それをした結果、子どもたちは勝手に早く寝て起きて学校行ってます。

最初から子どもに正解を伝えることだけが親の役目ではないと思います。子どもが本当に困った時には手を差し伸べ、本当に悪いことをした時にはそのタイミングで言う。でも、他は**自分で経験して学んだ方がいい**と思っています。

僕も未だにそれができていない時があって、忙しさのあまり見逃してしまうこともあります。でも、それが人で、**親だとしても完璧じゃなくていい**と思っています。

家族を持つのは人生で初めてなので、いろいろ試して、いっぱい失敗して、早く正解に近づけたい。


余談ですが、この前、僕が仕事に出かけていたら、娘から電話がかかってきました。

「今日はママがとっておきのご飯を作るから、帰る時間を教えて」と言います。

ママの料理は全部美味しいのですが、「とっておき」と聞いた僕はテンションが上がり、帰りが楽しみになりました。娘は、「気をつけて帰ってきて。帰る時は電話し

てねー」と言って電話を切りました。

仕事が終わり、帰ることを伝えると、娘は「分かった。ご飯めっちゃ美味しそうや、パパ喜ぶと思う」と僕の喜びを倍増させてきます。僕はワクワクしながら車を走らせました。家に着き、小走りで玄関に向かいます。

森ケは防犯のために鍵を必ずかけているので、インターホンを鳴らして、いつものように変顔をして待ちます。すると足音が聞こえて、鍵を開けてくれました。

僕が玄関の扉を勢いよく開けると、「シュー」という音が聞こえ、痛さと冷たさが一気に押し寄せ、前が見えなくなりました。

そして「カッカカッカカッカ」と笑い声が聞こえます。

僕の身に何が起こったのか。娘が、庭に置いてある巻き取り式の青いホースを家の中に引っ張り込んで、ママのご飯を楽しみに、意気揚々と帰ってきた父親の目を水で打ち抜いてきたのです。ノズルの種類の中で一番強力なストレートで。

そして娘は言います。

「おかえり」

やっぱり娘は、僕にないセンスを持っています。

お金の仕組みを教える

僕はお金に苦労しました。

子どもたちには苦労してほしくありません。


「父が無知だと貧乏になり、母が無知だと病気になる」

ネイティブ・アメリカンのことわざだといわれています。

これは昔の家族のあり方で、今の日本では男性が働いて女性が家事をするみたいなことは少なくなってきました。


ことわざというのは知恵を伝えるため、本質を抽出したものです。

ネイティブ・アメリカンの男の役割は狩りに出かけて食料を調達してくること。

どこに動物がいて、どんな動きをして、どんな作戦を立てて、どういうふうに追い込むのか、それを知っていないと、考えていないと、動物を狩ることができません。

お腹を空かせて待っている家族にご飯を持って帰ってこられなくなります。
これを現代に置き換えると、**給料が少ない**ということです。
給料が少ないと、当然ですが食べ物や買える物が少なくなります。

母は父が持って帰ってきた食材を調理するために、綺麗な川の水や、食べられる木の実、毒のないきのこを知っておかないといけない。

そうしないと毒のある食べ物を食べてしまって、命にも関わってきます。

現代に置き換えると、なんでも安く食べられるようになった分、大量の添加物や体によくない成分を口にする可能性も高くなっているから、**知識が必要**ということです。


無知、知ってることが少ないと貧乏になり、病気になる。

ネイティブ・アメリカンも、子孫に苦労してほしくないから、ことわざにして短く分かりやすく伝えていったのだと思います。


現代は男も女もないので、父と母の役割を両方しないといけない。

社会に出るということはネイティブ・アメリカンでいうと自分で狩りをするように

なるということ。現代では、**自分で自分の食べ物を調達しないといけない**ということ。
つまり、社会に出た時点で誰もが父になって、お金を稼がないといけないのです。

世の中は資本主義。お金を中心に動いています。
だから、**社会に出る前にお金に詳しくなってないといけない。**お金のことに無知ではダメです。勉強は学校で教えてくれるから、お金のことは家で教えます。

僕がこの世にいる限り、子どもたちをお金で困らせるつもりはないですが、何が起こるか分かりません。

僕がたまたま銀行に行っていた時に、銃を持った銀行強盗が突入してきて、僕が「ここにいる人を全員逃がせ」と強盗に主張して僕だけが人質になり、全員逃がしたと思ったら小さい女の子がトイレから出てきて、警察が突入してきたと勘違いした強盗が発砲して、正義感の強い僕がとっさにその女の子をかばって撃たれて死ぬ可能性も大いにあるので、僕がいなくなった時のために**常にお金の仕組みは子どもたちに伝える**ようにしています。

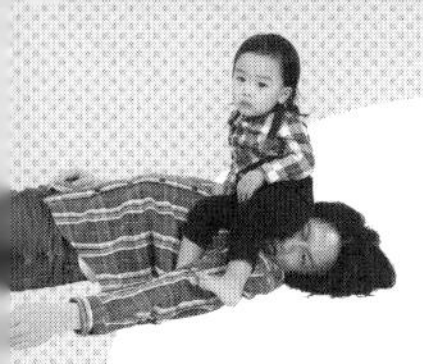

お金のことだけは本気で伝えた結果、娘たちはどうなったかというと、お金の大事さや使い方が上手になって、無駄なことにお金を使わなくなりました。

具体的にどんなことをやっているのかを話していきたいと思います。

僕たちの使ってるモノやサービスには全て仕組みがあり、商流があります。

「商流」とは簡単にいうと生産、流通、販売、消費です。

でも娘に「商流が～」なんて言うと、「何が商流やねん。意味分からん。イキってんなー」と言われます。

初めは簡単なことを教えていきます。

ご飯を食べに行った時とかに、楽しめるように**クイズ形式**で喋ります。

例えば焼肉屋に行ったとしたら、「この店は何人座れるでしょう」とか、「店員さんは何人いるでしょう」とか簡単な質問を出します。

「この店の家賃いくらやと思う」とか聞くと、「家賃って何？」っていう質問が返ってくるようになります。

家賃の説明をします。

「家賃っていうのは、家を貸してくれた人に家を借りた人が払うお金のこと」

すると「なんで貸すの？」とか「自分で建てたらええやん」とか、いろんな質問が飛んでくるようになります。そしたらその質問に答えていきます。


スーパーや店に行くと、貼ってあるアルバイト募集とかで質問を出します。

「アルバイトってなんでしょう？」みたいに。

すると娘は、「うーん、犯人みたいなやつ」とか答えてくるので、僕が「それはアリバイや」とツッコみ、さらに質問を出します。

「問題、時給ってなんでしょう？」

「知らん」

「乗ってこいよ！　正解は一時間働いたらくれるお金のこと」

これ以外にも働く理由を説明したりして、レベルを少しずつ上げていきます。


焼肉屋をオープンさせるには店舗を見つけないといけないから、まずは不動産屋に行って、店舗が決まれば、次は内装をどうするか考えます。ここには内装屋さんが関わってきます。

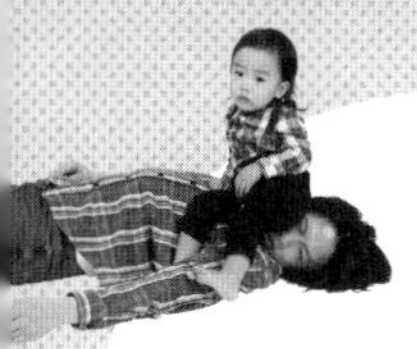

デザインも決めないといけない。得意なデザイナーに看板やお店のロゴを作ってもらったりします。

肉はどこで仕入れるか？　牧場？　肉の問屋？　野菜はどうだ？

お店のテーブルはどこで買うか？

と、一つの仕事にはいろんな職業の人が関わって、その人たちもお金をもらっています。

お店ができるまでの流れを、ご飯を食べに行っている時にちょっとずつ喋ります。

子どもも大人もそうですが、**人は「分かる」ということを嬉しく感じます。**

すると**だんだん自分の頭で考えるようになります。**

自分の頭で考えないとこれから生きていけません。

調べて考えて、調べて考える。

正解なんてAIに聞けば一発です。

するとどんどん知識がついてきます。

他にも、娘に株を持たせたり、くーちゃんにお金を数えてもらったり、**興味や理解度に合わせて**いろんな伝え方をしています。

子どもたちのお金の使い道にも口出ししないようにしています。**お金は無駄遣いして覚えるもん**やから。お金を好きに使うのを見て、「意味あった?」って問いかけて、自分で考えてもらうんです。衝動で、どうしても欲しい、やりたいと思ってお金を使ったけど、その満足感や達成感は一瞬だったりします。その場の空気でなんか買っちゃってたな、とか。後からもっと欲しい物ができた時に、「しまった、うんじゃなかった」ってなって、使いどころに慎重になっていく。

そんなの大人になってからでいいとかの声もありそうですが、逆に聞きたい。大人になってからでいい理由はなんですか?

こんなの早ければ早い方がいいし、学校で教えないといけないくらい大事なことだと僕は思っています。

PART 3

元やさぐれパパの学び

パパの割と壮絶な過去

僕は家族に「全身半乾き」とか、「ブス老けゴリラ」とか、油っぽい僕の髪を見て「お前の空だけ油が降り注がれし者」とか、「パパとママが離婚したら選択肢は一つしかない」とか言われていますが、森ケを好きでいてくれる人の中には、「パパのことが気になる」「パパが好き」と言ってくれる人たちもいます。

そんな人たちに一言言いたい。あなたはものすごくセンスがいい人だ。

以前から森ケを見てくれている人の中には「パパのことを知りたい」と思ってくれている人もいるのではないかと信じて、ここでは僕の話をしていきたいと思います。「お前みたいなゴリラに興味なんてねぇよ」という人がいらっしゃいましたら、ＰＡＲＴ４まで飛ばしてください。

以前ＴｉｋＴｏｋで僕の切り抜き動画が出回ったことがあります。

「パパ、昔辛かったことがあったんだよ」って話をした回の、そこの部分だけが切り抜かれて、それが五百万回再生とかになっていて。
その動画には、「パパっていつもめちゃくちゃ笑ってるけど、本当はしんどかったんだ」みたいなコメントがたくさんついていていました。

森ケの動画ではネガティブな内容は出さないと編集長のママが決めてるので、マイナスな内容を出す時はマイナスに捉えられないようにおもしろく出してるのですが、その切り抜きでは僕がスローモーションになり、後ろに感動系の歌が流れ、涙を誘う動画としてまとめられていました。僕はそういった感動的な動画を見ると「気持ち悪!」って思うのですが、自分がメインやったこともあり、いつになく「気持ち悪!」と思いました。

ですがとてつもなくバズっていたので、みんな少しばかりはパパのことを知りたいと思ってくれてるのかなと思いました。普段は不幸自慢なんてダサいので絶対喋りませんが、せっかくこんな機会をいただいたので、**僕の「過去」について**話していきたいと思います。しょうもないとは思いますが、始めていきます。

僕の家は、じいちゃん、ばあちゃん、父親、母親、僕、弟、妹の七人家族でした。

僕が小さい頃は、少しお金のある家でした。

「辛かった過去」っていうのは、**借金による「貧乏」と親父による「暴力」**です。この話をママ以外の人にちゃんと伝えるのって初めてなので、書きながら変な汗が出ています。

僕の親父は絵に描いたようなクズで、ドラマでよくある借金、暴力、女が大好きな、今皆さんが想像してるような典型的なダメ親父です。

僕を失神するまで殴ったり、熱湯をかけたり、家に金は入れずに好きな物ボンボン買って、よそで女を作って、外ではいい父親をしているように見せてる親父でした。

親父は会社経営をしていて、そこの従業員とデキていました。

その従業員との間にできた子どもを、その従業員の家の子だと嘘をついてうちの家に連れてきたりしていました。一つの家族もまともにできてないのに二つ家族がある、クズ親父の鑑みたいな男でした。

親父とオカンは、従業員の女のことで喧嘩していて家庭内は最悪でした。いつも親

父がオカンを殴っていました。

ある時オカンが戸籍謄本を取ることがあり、親父がその子どもを認知していることが分かりました。その女との間に子どもがいること、家庭があることを知ったオカンは、親父に愛想を尽かして出ていきました。まあ、オカンも浮気してたんですけどね。

ある日僕が家に帰ると引っ越し業者が来ていて、荷物を運び出していました。オカンは、僕に何も言わずに実家に弟と妹を連れて出ていきました。

僕は中学校に入った時からオカンと仲がよくありませんでした。僕が非行に走っていたこともあり、手に負えなかったんだと思います。オカンは、僕が親父にやられていても一切止めてくれなかった。

当時はおもしろおかしく周りに「アイツ僕だけ置いていきやがって」と言っていましたが、今思えば、**本当はとても寂しかった**んだと思います。

こうなったのも全部親父のせいだから、昔から好きどころか大っ嫌いでした。それが表情や態度に出てしまっていたんでしょうね。とにかく僕のことが気に入らないのか、ふとしたことでスイッチが入って、日常的に殴られたり、蹴られたり暴力を振る

われていました。

ある日、親父がカミソリで弟の髪を切っていたことがあったんです。「伸びたから切ってやるよ」っていう感じで、カミソリを使ってカットしていたけど、カミソリで切っているのでめちゃくちゃ変になって、弟は泣いていました。

でも親父は一人で満足そうに、僕に向かって「イケてるよな？」って言ってきて、そこで僕が正直に、「ダサすぎるわ」って答えたら、ボコボコにいかれました。足で頭を踏まれ、「お前もボウズにしてやるよ」ってカミソリを近づけて脅されました。

親父はハイエースというディーゼルエンジンの車に乗っていたんですけど、親父が帰ってきてそのエンジン音が聞こえると、心臓がドキドキして息苦しくなり、頭の中が白くなった感覚を覚えています。

親父は事業がうまくいってなくて、今思うとその八つ当たりもされていたのかなと思います。

基本、体罰はよくないけれど、中には愛情が感じられるものもあるとは思う。

でも僕は**親父の暴力からは一切、愛情なんて感じられなかった。**

弟や妹は暴力を振るわれなくてよかったなと思います。殴られたり、蹴られたりす

るのは僕だけ。きっと、反抗的でかわいげのない態度がにじみ出ていたんでしょうね。親父は弟とか妹とは一緒にNINTENDO64をして、僕には「風呂洗ってこい！」って命令して。そして事あるごとに殴る。本当に怖かったし、周りを見ては、いいな、羨ましいな、愛されたいなって思ってました。その時は愛されたいと思っている自覚はなかったけど、**優しくしてほしいな、遊んでほしいな**って思っていました。愛されたかったんだ、なんて、今になってようやく普通に言えるようになりました。**当時は強くいないと壊れそうで、それを怒りとか憎しみに転換して心を保っていました。**強くいようとすればするほど、硬い鎧(よろい)が何重にもできていって、心が閉じていくというか、なんというか、そんな感じでした。

僕が物心ついてからは、うちはずっと貧乏で、家にお金があったことは、一度もなかった。親父がやっていた商売は、景気のいい時もあったと思うけど、儲かっていたとしても、一回も家にはお金を入れてくれなかったとオカンが言っていました。親父一人が金を持っていて、家は貧乏っていう、そんな日々でした。

家には一切金を入れないのに、自分の好きなこと、釣りとかサーキットとか従業員の女とか、そういうのに金を湯水のごとく使う。ホンマに金遣いは荒いし、女癖も悪い。オカンの夫としても、僕の父親としても、理想からは程遠いやつでした。

いつも「事業が軌道に乗るまでもう少しだ」みたいに言い訳していましたが、僕が中学生の時、**親父が借金を背負って蒸発**しました。

蒸発というか、借金取りから身を隠すという方が正しいです。

事業に失敗して、すごい借金を作って、それで勝手に逃げてったんです。

確か、僕が小学校五年生くらいの時に会社を始めて、その三、四年後に親父が姿を消しました。小学校六年生くらいの時には、もう借金取りが家に来るのが日常になってましたね。

当時、親父は車を仕入れて売る商売をやっていて、その仕入先が計画倒産したんです。外車の専門業者やったんですけど、契約書にサインをしないと、そこからの仕入れルートがストップするって言われたらしくて。今みたいに流通経路が整備されていない時代で、売る車がなくなるからっていうんで連帯保証人になったら、まんまと仕入れ先の会社が計画倒産して、その借金が親父に降りかかりました。契約書を書いたら、相手が潰れたっていう。要するに、ハメられたんですよね。

普通に銀行からの借金ならよかったんですが、闇金的なところからもつまんでいた

のでしょう。うちには毎日、信じられないくらい、借金取りが来てました。玄関先にヤクザみたいな人たちがオラオラ言いながらやってきて、じいちゃんが仁王立ちになって「やかましわ！　帰れ！　うちに金はない‼」って言っていました。

僕は、テレビか何かで見て、子どもは連れていかれるって思い込んでいたので、妹を抱いて、弟の手を引いて、借金取りが来た瞬間に裸足で家の窓から外に逃げてました。この時は怖かったというより、どこか楽しかった印象がありました。本当に「金出せ」みたいなやり取りをするんで、弟や妹を連れて逃げる僕は、妹弟を守れている気がしてヒーローみたいだとも思うような変なやつでした。そんな感じの小・中学時代でした。

だから、『闇金ウシジマくん』って漫画を見ると、昔を思い出してなんだか懐かしくなります（笑）。

家が滅びる

オカンは実家に帰り、親父はいなくなったので、僕はじいちゃんとばあちゃんと暮らすようになりました。

高校一年生の夏のある日の夜、僕はクーラーのない蒸し暑い自分の部屋で、扇風機の風量をＭＡＸにして、友達から借りた『パイレーツ・オブ・カリビアン』を観ていました。

するとテディベアのじいちゃんが僕の部屋の建てつけの悪い引き戸をガタガタ言わせながら開けて、「おい、ちょっと来い。話がある」と言い、リビングの方に戻っていきました。

ですが、めんどくさかったので無視しました。

十分くらいして、じいちゃんは怒った足音をさせながらまた僕の部屋に来ました。

「コラァはよ来いボケェぇぇ」

じいちゃんはいかりや長介と不動明王のハーフみたいな顔をして、すごい形相で怒鳴ってきます。

「一回で来いボケェぇ」

僕が「三回目で行く」と言うと、じいちゃんは「このガキぃぃ」と返してきました。

とにかく短気なジジイで、すぐ怒鳴って、怒鳴った勢いで屁が出るくらい勢いよく怒鳴っていました。

こんなやり取りを経て、僕は渋々リビングに行きました。なんだかいつもと様子が違う感じでした。いつもじいちゃんとばあちゃんはリビングのテレビで演歌を見ているのですが、その日、ばあちゃんは先に寝ていました。たぶんばあちゃんに先寝ろって言ったんだと思います。


家のリビングにはL字のソファーがあります。

じいちゃんはいつもの席に座り、僕はいつもばあちゃんが座っている席に座りました。たぶん二十一時くらいで、テレビではＮＨＫがニュースをやっていました。

クーラーは設置してあるだけで、電気代がもったいないからお客さんが来た時しかつけません。

暑いリビングで、じいちゃんはテレビの方向を見て、口を閉ざしています。

やはり様子がいつもと違います。

するとキッチンの方に行ってグラスに芋焼酎のお湯割りを入れて持ってきました。

じいちゃんはいつも一口飲ませようとしてきます。

自分が一口飲んで「おい、飲めぇ、うまいぞ」と、僕に渡します。

大体じいちゃんが飲んだ後は食べたカスみたいなのが浮いているのですが、その日は綺麗で透き通っていました。

僕はいつも通り「くさい、芋くさい」と言って、じいちゃんにグラスを返しました。

会話はそれで終わり、じいちゃんはまたテレビに視線を向けて焼酎を飲んでいます。

「じいちゃん、話って何?」と僕が聞いても、じいちゃんは無視したままテレビを見ています。しばらく何も言わないので、「一回で言えぇぇ」とじいちゃんの真似をして言いました。

するとじいちゃんは残った焼酎を一気に飲んで立ち上がり、グラスをシンクに置いて戻ってきました。

ソファーに深く腰をかけて座ると、僕の方を向いて喋り始めました。

「三久（僕の名前）、すまんのぉ。家がなくなってしまうんじゃ。お前らの家がなくなってしまう。すまん、すまん」

借金取りが来ても仁王立ちで、勢い余って屁が出るほど怒鳴り散らかす、口の悪い硬派なあのじいちゃんが、涙を流しながら伝えてくれました。

じいちゃんの様子がおかしかったのはこのことだったんだ、言いづらかったんだと思いました。

家には親父の事業関連の借金が何億かあって、それに加えて、親戚や知り合い、闇金にもお金を借りていました。

その**返済のために家が持っていかれる**から、出ていく必要があるということでした。

「ただでさえお前らは親父もおふくろもおらへんのに、家までなくしてしもて、かわいそうにのぉ、じいちゃんの力不足や。すまん。許してくれ」

じいちゃんは、まるで子どものように、うぉんうぉん泣いていました。

じいちゃんも事業に失敗したり騙されたりしていて、僕は子どもながら、自分の家がだんだん貧乏になっていくのが分かりました。

分かりやすかったのは、じいちゃんの酒の変化です。

初めは酒屋が持ってきてくれていたのが、自分で買いに行くようになり、瓶を買っていたのが紙パックになり、最後は五リットルくらいのでっかいボトルに入ったやっすい酒を飲んでいました。

タバコもショートホープからｅｃｈｏという安いラインになっていきました。

車もクラウンから緑のキャロルになりました。壊れかけで、エンジンをかけると「カンカンカン」と音が鳴るので、じいちゃんは「緑の音鳴るやつ」と呼んでいました。

貧乏で、周りの友達が当たり前にできることが僕の家では当たり前ではなかった。

泣いてるじいちゃんを見て、**お金がないことで家族は壊れるんだ、お金がないことはこんなにも惨めで、悲しいものなんだ**と思いました。

泣いてるじいちゃんに「僕らは大丈夫やから。家なんかなくていいよ。泣くなよ。僕が頑張る」と言いました。

盛ってませんよ。絶対に盛ってません。本当に、僕が頑張って借金と家賃を払っていかないと、と強く思ったんです。

それからもじいちゃんは「すまんのぉ、すまんのぉ」とひたすらに泣いていました。
僕が「泣くなよ」と言うと、じいちゃんは「これは酒じゃ」と、目から酒が出てきたことにして強がっていました。

この後、家の持ち主が変わり、新しい持ち主に家賃を払う形で同じ家に住み続けられるようになりました。
じいちゃんが大泣きしたあの日から、僕はどうすれば貧乏じゃなくなるんだろう、どうすればお金が稼げるんだろうと考えるようになりました。

貧乏は悪

お金が原因で、家族がバラバラになった。

じいちゃんが泣いた日から僕はそう思うようになりました。

今はそんなふうには思わないのですが、その時は親父やオカンやこの家を恨んで、やっぱり親だから恨み抜けなくて、だからお金のせいだって変換して考えていたんだと思います。

あの時家にお金があったら、僕の家族は違う形だったんじゃないか？　親父もオカンも自分の前から消えていなかったんじゃないか？　そう思うことで自分を納得させていたんじゃないかなと思います。だから自分は絶対に金を稼いでやるって思っていました。

「愛とお金、大事なのはどっち」とかいう質問をよく見るけど、僕が選ぶのは絶対に愛だ。でも**愛のためにこそお金が必要**になる。大切な人を守るためにはお金がいる。

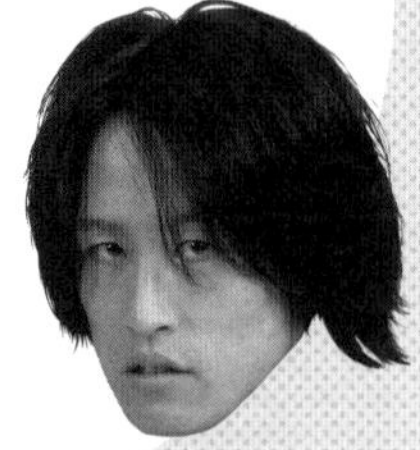

家、食べ物、服、病院。全てお金がいる。

家族円満で、幸せでいるためにも、お金は絶対に必要。お金で幸せは買えないっていうけど、逆をいえば、愛はお金で簡単に崩れてしまう。

大切な人が病気になった時、事故をした時、自分の大切な人を治せるのは自分ではなく、病院の先生です。入院や手術をするにはお金が必要。愛では治らない。だから、大切な人、守りたい人のためにお金が必要で、**愛を守るためにお金がいる**んです。

結局は、金銭的に不自由なく生活できるっていう安心があって初めて、幸せが成り立つ。だから、愛だの恋だのいう前に、まずは、お金を稼がないといけない。

お金がないと笑えないんですよ。気持ちに余裕がないから。僕の家はいつもいつも金のことで親父とオカンが喧嘩していました。口を開けば「うちは貧乏だから」「お金がないから」。呪文のようにオカンが言っていました。

笑うためには金が必要なんだ。この思いは、かなり強いものでした。

僕自身、お金がないことで、たくさん悲しい思いをしてきました。

よその家にあってうちにないとか、欲しい物が買えないとか、定期を落としても言えないとか、自転車がパンクしても言えないとか、そんなことではなくて、一番貧乏を恨み、最も辛かったことを書いてみます。

親父とオカンが家を出ていってから、僕はじいちゃんとばあちゃんに育ててもらいました。僕は孫だから、じいちゃんとばあちゃんは親父とオカンをするのが二回目になります。

本当に大変だったと思うし、とても感謝しています。もう子育ては終わったはずなのに、お金がない中、しかも荒れてる僕を育ててくれました。

僕はじいちゃんとばあちゃんが大好きです。

美味しいご飯を作ってくれて、高校の時はお弁当も作ってくれて。お金のない中で精一杯してくれました。親父とオカンがあんなんだったからこそ、じいちゃんとばあちゃんを本当の親と思っていたし、信じていたし、信じたかった。

ある日、リビングにあったノートを何気なく開いてみたら、そこに領収書がいっぱい貼ってありました。

一つひとつ、誰に何を買ったのか、なんのために使ったのかが記されていて、「請求金額」ってメモ書きがありました。要するに、**ばあちゃんが親父にお金を請求するための記録**やったんです。

親父が出ていった後も、親父とばあちゃんは連絡を取っていたみたいです。

僕は、親父が家にお金を入れないから、ばあちゃんたちの年金で僕の学費やら生活費やらを出してくれているのかと思っていたけど、実は、必要経費を親父に請求していたのです。

ああ、そういうことかって、なんか当時の僕はものすごいショックを受けてしまいました。ばあちゃんは、僕らのことがかわいくて、無償の愛みたいな感じで接してくれていると思い込んでいたからです。

でも、どうしたって、生活するにはお金がいるわけで、親父に払ってもらわないといけない。目をそむけていた現実を目の前に突き出された気がして、自分でも驚くほどの衝撃を味わいました。

ご飯を作ってくれて、僕の面倒見てくれて、オカンの役割もしてくれていたばあちゃんには、返しても返せないくらいの恩があります。できる限りのばあちゃん孝行をしようと思ったし、実際、高校を卒業してから、親戚への借金を返済したり、家賃、生活費、じいちゃんの入院費や葬式のお金も出せて、自分のできる限り孝行できたと思っています。

でも、あの領収書というか、請求した記録を見たくはなかった。心が荒れていた当時の僕にはめちゃくちゃしんどかった。

ばあちゃんが悪いわけじゃなくて、僕を養うためにはお金が必要っていうのは、今は当然だと思えます。

ただ、それを見た時のショックや辛さも本物で。思い出すたびに、何度も胸がウッてなります。息が、呼吸が浅くなるというか、緊張がピークに達した時みたいな感じというか。

あの時味わったのは、忘れかけていた、**どうしようもない孤独感**です。温かいと思っていたものが急に冷たくなって。

人間って嫌な記憶を誤魔化そうとするらしくて、その辺の記憶が曖昧で、思い出そうとしてもよく思い出せない感じで。

今では自分の中で昇華できていて、ちゃんと感謝しています。

だからやっぱり、お金なんですよね。あの時お金があれば、ばあちゃんは親父に対して請求もしなかっただろうし、僕も請求メモを目にして辛い思いをしないで済んだ。

結局は、お金がない、貧乏だということが悪なんだ。あの時の経験が確信に変わり、僕は**絶対に金持ちになろう**と決めました。

親父の職業は詐欺師

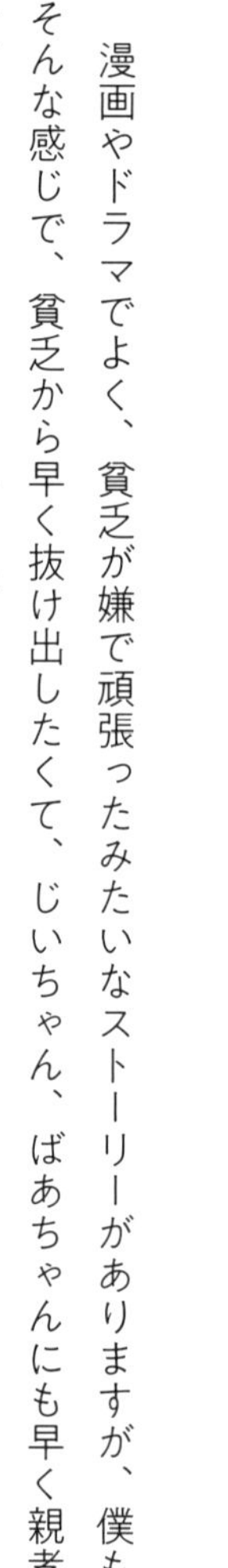

漫画やドラマでよく、貧乏が嫌で頑張ったみたいなストーリーがありますが、僕もそんな感じで、貧乏から早く抜け出したくて、じいちゃん、ばあちゃんにも早く親孝行がしたくて、**とにかく早く稼げるようになりたい**と思いました。

親父が事業をしていたので、高校生の終わりに僕もやろうと思い立ちました。ですが教えてくれる人も聞く人もいなかったので、とりあえず本から学ぼうと思い、本屋に行きました。

その時に僕が買った本は三冊。不動産の本とアフィリエイトの本、そして細木数子の占いの本です。

細木数子はばあちゃんが好きやって、よく占ってもらってました。それの影響もあって一瞬占い師になろうと思った時期もありました。

高校を卒業してからとにかくいろんなことをやりました。

ブライダル、鳶職、労働者派遣業、飛び込み営業、中古のバイク販売、アフィリエイト、ブロガー……。
その当時で、月に二、三百万円くらいは稼いでいました。

いろいろとやってみたうちの一つが**バイクの売買**。僕の育った地域は田舎やったんで、バイクの免許が取れる十六歳になると、みんな原付に乗るようになります。で、十八歳になったら今度は車に乗るようになるから、もう原付はいらないってことで、安く手放すんです。

僕はいらなくなった原付を五千円くらいで買って、メンテナンスをして三万円で売ってました。この流れで、年間二百台くらいはさばいていました。

原付以外のミニバイクなんかも、中古を三万円で仕入れて修理すると、十六万円くらいで売れました。高校を卒業した子から買って、新入生に売るっていうシステムができあがってからは、めちゃくちゃ儲かりましたね。この仕組みを十七、八歳くらいの時に思いつきました。

他にも、酸素カプセルの営業として接骨院に売りに行ったりと、十八～二十二歳くらいまではこんな感じで大小様々な事業をやっていました。

いろんなことをやって稼いでいたのですが、僕めちゃくちゃ騙されやすくて、稼いでは騙され、稼いでは騙されてを繰り返してました。

当時は金を稼ぎたいからなんでも信じて、一回ミャンマーの山に金が眠ってるからそれを掘り起こす機械に投資しないか、みたいな話があって、よし、これで僕も億万長者だーって思ってそれに何千万円も入れて、次の月連絡が取れなくなったこともあります。こんなのを趣味のように続けていました。当時「趣味はなんですか」と聞かれたら**「詐欺されること」**って答えてたと思います。

今は、世の中に楽して稼げる話なんて絶対ないって分かってるんですけど、当時は自分は運がいいからこんな話が来るんだと思っていて、話が来るたびに金を出して、そのたびに騙されていました。このままではヤバいと思っていました。

でも、僕の人生はおもしろくて、**何かを本気で願えば叶う人生**でした。飲食店やりたいなって思いながらバーにアルバイトしに行ったら、ちょうど店長と副店長が辞めることになって、オーナーに「この店買わへんか」みたいに言われて、アルバイトから一気にオーナーになるという出来事もありました。めちゃくちゃついてるんです。

もちろん、飲食店経営に関してはなんの知識もなかったけど、とりあえず一生懸命

やったら、買う前は一カ月の売上が三十万円だったのが、半年で二百五十万円になり、すぐに四百万円くらいになりました。

そこから飲食店の店舗数を増やしながら、売上を伸ばしました。その時出た売上を全て事業投資に回して、飲食店をやりたい人や、他の飲食店への投資、牡蠣の養殖、底引き網漁、植物工場、エステのフランチャイズ、飲食店や店舗のコンサルティング、と広げていきました。あの貧乏の時代に戻るのが怖くて死ぬ気で働いていました。

長男のカチが生まれる頃に仕事は軌道に乗り、一部事業を売却できたりして、一段落しました。

稼ぐ理由は貧乏から早く抜け出したかったのが主ですが、もう一つ理由があって、それは、**「稼がないといけなかったから」**です。

親父の借金、親父が事業と遊びのために親戚から借りたお金の返済と、親父が詐欺をして集めたお金の返済をするためです。

説明が長くなるので端折りますが、親父が事業のために銀行から借りた数億円は、自己破産をすることで返済しなくてよくなりました。だから、僕が代わりに返したのは親父が親戚から借りた千七百万円と、親父が嘘の投資話で僕の知り合いから集めた二千四百万円です。僕自身が親父の投資話や他の投資話に乗って騙されたのも合わせると、借金は合計一億円くらいあったと思います。が、なんとか全部返し切りました。心配されるのが嫌やったので、これはママにも言っていませんでした。ここで初めて言います。そんな感じで、稼いで騙され、稼いで返して、を繰り返していました。あとはじいちゃん、ばあちゃんが住んでる実家の家賃です。生まれ育った実家がなくなるのが嫌だったので、毎月家賃を十二万円払って、生活費として十万円入れていました。

この本を書くにあたって、久しぶりに自分の過去をちゃんと思い出しました。人間は嫌な記憶を忘れていくと何かに書いてありましたが、確かに思い出すのに苦労しました。世の中には大変な思いをしてる方はたくさんいて、僕なんて幸せな方だと思いますが、今思い出すと僕にとっては辛かったなって、書きながら涙が出ました。駆け足ですが、僕のこれまでの人生はこんな感じでした。

みんなを笑わせたい

「森ケの日常」を見てくださっている方たちはすでにお気づきかとは思いますが、僕は**「笑い」「おもしろいこと」に対して、まぁまぁ貪欲なタイプ**です。

始まりは、僕のオカンの一言でした。

小学校二年生くらいにテレビで『踊る！さんま御殿!!』を見ていた時、オカンがさんまを見ながら「頭ええわー、喋りがおもろい人はカッコええわ、あんたもおもしろくなりなさい」と言ってきました。うちのオカンは毎回録画して見るくらい『踊る！さんま御殿!!』が大好きだったんです。

僕もやっぱり息子なんで、オカンのことが大好きでした。

そんなオカンが、画面の明石家さんまを指して、「おもしろい男がカッコいいのは、いろんな言葉を知っていて、その言葉を選んで出せるから。頭の回転がいいんだ

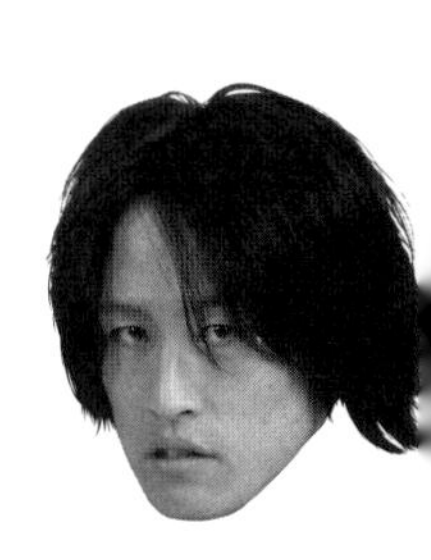

よ」って。**会話で手札の多い人がモテるんだよね**って、なんかざっくりした感じで言っていて、僕はそこからおもしろいっていいことなんだって思いました。

僕は別に芸人さんとかそんなのでは全然ないんですけど、「笑い」というものを強く意識して生きてきました。おもしろい人の喋り方、考え方、どういうふうに言葉を繋いで、どのタイミングでどんな言葉を出すのか。小学生の頃から、そういう分析をしながら生きてきました。おもしろいことがあったら何度も何度も心の中で喋って、それを友達に試したりしてました。

法事か何かで親族が集まる場で、親戚のおじさんが自分より笑いを取ってたりすると、もうめちゃくちゃ悔しいというか、ムカつくんですよ。

もっと笑いを取るにはどうすればいいかを瞬間的に考えて、おじさんより声のトーンを大きくしたりして、勝手に競り合って、勝ちを取りにいってました。

街を歩いていてトラックが通り過ぎて、その車のナンバーがゾロ目とかのラッキーナンバーだったら、必ずお願いしていました。

「今日もおもしろいことを喋れますように」って。

初詣のお願い事も、必ず「もっとおもしろくなれますように」でした。小学校二年

生から、全てのお願い事はみんな、「おもしろく！」です。
家では弟と一緒にボケ合戦ってのをやっていて。
部屋にガチャッて入っていって、そこでひとネタする。お互いにネタやボケの出し合いをして笑わせ合うっていう。お風呂でも、水を口に含んでお互いに笑わせ合っていました。
今でも、おもしろい単語や、言い回しを変えた方がおもしろいなと思ったこと、生活の中での気づきやおもしろいことをiPhoneにメモしています。

そんなことを考えながら生きてきたせいか、**僕は人付き合いや仕事で「笑い」にすごく助けられました。**

小学校四年生の時にいじめられてから、人との接し方を模索する中で笑いを大いに使いました。

おもろいと思ってもらえると、それで覚えてもらえたり、一緒にいて楽しいと思ってもらえたりする。おもしろいやつだと先輩に気に入ってもらえたり、絶対的ではなくてもそれがきっかけで大事な友達ができたり。

バーテンダーをやっていた時も、ただのアルバイトなのに、僕のお客様でお店が満席になりました。おもしろいからまた会いに来てくれる。おもしろいということが僕を助けてくれました。

昔からムードメーカーというか、僕の機嫌によって周りの空気が変わるみたいなところもあったんです。

疲れていて正直しんどいなって時も、**まず笑うようにしていたら、そこからなんか気持ちも上向きになる**というか。場が笑いに包まれて、それが伝染していって楽しくなるんですよ。

家族といる時は気を使ってないですけど、特にバーテンダーをしていた時なんかは、**まず自分がお客様よりも楽しむ**ことを意識していました。

楽しいと思ってないやつと話しても楽しくないように、僕が楽しいやつになるとみんなそれにつられて楽しくなってくるんです。

「楽しいから笑うのではなくて、笑うから楽しい」って本当にその通りだと思います。人間、楽しくなりたいと思うより楽しいふりをした方が本当に楽しくなる。

オカンの「おもしろい男はカッコいい、モテる」から始まったけど、「ボケたい」「笑かしたい」は、気がついたら**「笑顔を作りたい」**に変わっていました。

僕といる時はできるだけ笑顔になってもらいたい。

「アイツといる時は楽しい」って思ってもらいたいから。

でも笑顔を作るためには、自分が楽しくしたり笑かしたりするだけじゃなくて、まず笑える状態や状況にしないといけない。

一緒に怒ったり、一緒に泣いたり、話を聞いたり。するとその人の悩みや不安がなくなる。すると自然に笑顔になる。

だから、ただ笑わせるだけではダメだと思っています。**相手が笑える状態・状況にしてから楽しいことやおもしろいことを言う**。家族にもそれ以外でもそれは意識しています。

大好きな人の笑ってる顔の方が好きだから。

お仕事行かないで

僕は今ではこんなふうに家族の主人としてやっていますが、結婚する前や結婚当初は、家族を持つことや自分の子どもに対して、ずっと頭の中に不安がありました。

僕はもともと子どもが嫌いやったんです。

昔から嫌いだったわけじゃなくて、嫌いになったきっかけがあって。

中学生の頃、僕はバレーボールをやっていて、地元の小学生や保育園の子どもたちに教える機会があったんですよ。僕も子どもは嫌いじゃないしなぜか好かれるので、遊んでいたらそいつらが調子に乗り始めて、僕の背中に乗って、髪の毛を引っ張りながら「死ねぇー猿ツー」と髪の毛を持って頭をブンブン振り回してきたんです。

猿ツーってなんやねん。ワンどこやねん、とか思いながら「やめてくれー」と言っても全然手を緩めない。

そいつらの親は止めもしないし、一番悪いやつの親なんて、まっすぐ綺麗な姿勢で肩幅に両足を広げてパンツの位置で両手を組んで、まっすぐこっちを見ています。僕

がヘルプを求める顔をしているのに、真顔でこちらを見て何も言いません。ほとほとうんざりして、**「子どもってめんどくさいな」**と、小さい子が嫌いになりました。

だから娘が生まれるってなった時も、ちゃんと愛せるかなって心配していたんです。苦手意識があったから、どういうふうに愛したらいいのか、ホンマに分からんかった。ママにも、**「どうやって好きになればいいか分からへん」**って正直に言ってました。

そしてもう一つの不安が、さっきも話した自分の父親のことです。**自分もあんなふうになるんじゃないかという不安**がずっと付きまといました。

本で読んだのですが、男性の性格や行動は六〇％くらい父親の行動が影響・遺伝するみたいです。だから、僕も親父みたいになる傾向があるんじゃないかと思っていました。

親父を反面教師にと意識して生きてきたのですが、それでも、金の使い方とか、息子なんで似てるところがありました。自分の中にクソ親父の影を感じて、そうならないためにも必死に働きました。

でも、仕事をすればするほど、子どもたちと過ごす時間はなくなって、どう接していいかも分からなくて、子育てに対する不安が大きくなっていきました。

そんな時、いつものように仕事に出かけようとしたら、三歳のくーちゃんが玄関で両手を広げて「パパ、お仕事行かないで」って通せんぼするんです。「ごめんな、パパ仕事やから」と言うと悲しそうな顔をする。全然家にもいないし、何もしてやれてないのに、こんなことを言ってくれるんだと思いました。

とはいえ仕事があるから、僕はくーちゃんの頭を撫でて、行ってきますと玄関を出て車に乗ろうとしました。当時はボロボロの集合住宅みたいなところに住んでいて、そこの駐車場から自分たちの部屋のベランダが見えます。くーちゃんはベランダに出て、室外機の上に乗って、ベランダからずーっと手を振っていました。

僕はその時、それまで抱いたことのない感情になりました。

あったかい、胸が締めつけられるような感覚でした。

僕は自分の父親に対して、そんな感覚を持ったことなんて、一度もなかった。家にいない方がいい、早く仕事に行ってくれ、出てったら帰ってこないでほしいと思っていたくらいなのに、**くーちゃんは「お仕事行かないで」って僕を引き止めてくれる。**

しました。**僕を求めてくれる人がいるんだ**と、そこでまた、凍っていた心が解けていく感じが

僕は仕事をして金を稼げば幸せになれると思い込んでいたので、その時は正直家族なんてどーでもよくて、ママにも仕事が一番やからと堂々と言っていました。

というか、**家族を守るためとかじゃなくて、不安を消し去るため、自分のために、仕事のために仕事をしていた**と思います。親父みたいにならないように必死に仕事をやっていたつもりが、どんどん**家族との距離を遠くしてしまっていました。**

なんか常に戦闘態勢やないけど、いろんなことに鋭敏で、神経を尖らせていて。僕は誰にも騙されないぞ、絶対に生き抜いてみせるぞ、成功してやるっていう、謎のギラつきがずっとあったんです。

ママと結婚して子どもたちが生まれて少しずつその鎧が剥がれていきましたが、そのきっかけの一つが、くーちゃんの「お仕事行かないで」でした。

自分の家族が「見返りがあるからする」みたいな関係やったので、僕は何もしてあげられていないのにくーちゃんは僕を求めてくれるんだ、求められるってこんな感じなんだって思って。

それから、ママに子どもたちや家族に対する考え方や接し方を教えてもらいながら、ちょっとずつちょっとずつ変えていきました。

今では「パパパパー」と言って来てくれるようになりましたが、昔は娘からも正直嫌われていました。さっきも言ったように、当時の僕は仕事でいつもピリピリしていて、ご飯とお風呂のために帰るだけ、みたいな感じやったので、昔から警戒心が強く人に懐かない娘は、僕には寄っても来ませんでした。僕に用事があっても、ママ経由で伝えてくる、そんな感じでした。

娘に心を開いてもらうために、いろんなことを考えて、いろんなことをしました。とにかく娘の気持ちを考えて、どんな性格なのかを知ろうとして。難しい時や分からない時、思いが伝えられない時や伝わらない時も無視され続け、なぜこんなにも伝わらないんだろうと何度もあきらめかけましたが、それでも**行動や態度と言葉で愛を伝え続けました**。すると、娘がだんだん目を見て喋ってくれるようになりました。それから二人でスーパーやコンビニに行くようになり、二人で泊まりで出かけられるようになりました。その時は本当に嬉しかったです。今みたいな関係になるのに六年くらいかかりました。

カチが生まれた頃から、仕事も落ち着いてきて、その頃から、どうやったらもっと家族といられるようになるかを考えて、仕事の仕組みを変えて、常に家にいられるような今の状況を作りました。

素直に求められる、愛されるってことを知って、そして分からないなりに、ママの真似をして愛情を子どもたちに伝えられるようになってから、家族といる時間が楽しくなってきました。

働く理由も、自分のためじゃなく、家族のために変わりました。そうなってからは、何事もいい方向に行くし、幸せだと思えるようになりました。

自分のためではなくて、誰かのため。くーちゃんの「パパお仕事行かないで」から僕は変わりました。自分の中にこんな感情があったことを気づかせてくれたくーちゃんには感謝しかありません。くーちゃんありがとう。

「行かないで」って言ってくれた時の写真や動画、今も大事に取っておいています。くーちゃんに限らず、子どもたちの一瞬一瞬を捉えた記録はずっと、僕の宝物です。

仕事を伝える

全国のパパさんは家族に自分の仕事を伝えていますか？

僕はずっと、話さずにいました。

今でこそ、ママとはたくさん話し合って、子どもたちのことも、仕事のことも共有しているんですが、昔は真逆でしたね。家では一切、仕事の話はしませんでした。というのも、心配させたくなかったし、困ってる姿を見せたくなかったから。口には出さずとも、心の中には「家族を安心させたい」「お金の不安なく家族が暮らせるように」という思いがあったから。仕事が軌道に乗る前の不安定な段階で現状を話しても、ママが不安になるだろうから、だから黙っていた。**自分だけ納得していればいい**と思っていました。


けど、**話さないでいると、言い合いになってしまう**んですよね。

ママからしたら、何も言わずに仕事に出かけていくけど、会社員でもないし、一体、

外で何をやっているのか分からない。僕の親父は蒸発したりしてるから僕もそんなふうになるんじゃないかと不安になっていたみたいです。何も分からないから、ちょっとした不安の種が、知らぬ間にどんどん、大きくなってしまう。

僕は僕で、「なんで信じてくれないんだ」って思っていました。

実際、仕事で得た利益のほとんどは、そのまま事業に投資していたんですね。家に入れるのは三、四十万円くらいだったのに、仕事用に二百万円の冷蔵庫をポンと買うから、「なんでそんな使い方するの？」って、ママにとっては理解不能なわけです。どんな事業をやっていて、なんのためにそれが必要なのか、僕が説明しないから。

一から全部話して、説明して、説得する時間がもったいないって思っていたんです。その分の時間や労力は仕事で使いたいって。

説明しても分からないと思っていたし、めんどくさかったんだと思います。家族を守ろう、まずは稼がないとって、僕も必死だったので。

たまに説明しようとしても、なんかぼんやりしていたというか。伝えたところで、人が変わるとは本気で思っていなかった。どうせ分かんないだろうっていう、勝手な思い込みで「とりあえず、めんどくさいから話しておく」くらいのテンションでした。

意見がすれ違ったとしても、自分が正しくて相手が間違っていると、無意識にジャッジしていたんです。「いいから待っとけ」「もうすぐやから」とか、なんの説明にもならないその場しのぎの言葉で濁していました。

仕事のことを共有する余裕ができたのは、進めていた事業がうまく回るようになって家族との時間が持てるようになったからです。

僕が仕事のことを話すようになったら、ママとの衝突は激減しました。日々、理解してもらえるように説明することで、伝える力もついていったんです。

今では、事業を大きくするために、こういう設備が必要で、いずれ回収できる時が来るから、そのために今のフェーズがあるんだって、**一から十まで解説**しています。**心配事も、言った方が逆にママは安心してくれるし、一緒に悩んでくれる。**カッコつけずにもっと早くこうすればよかったと思います。

人を笑わせることには一生懸命だったのに、何かを話して分かってもらうことには、おざなりだった。伝えるという意味ではどちらも同じなのに、僕はできてなかった。

説明というのは**最終的に相手が理解するのがゴール**なわけで、こちらがいくら時間を費やして長々と喋っても、向こうが「?」を残したままなら意味がない。

だから仕事の内容にしても、自分が外でどんなことをやっているのかを、ママが飲み込みやすいよう、解像度をあげて話すようにしました。どんなことでも、なんでもかんでも話しています。

僕たち人間って一日一回は必ず喋ってると思います。だから、**どんな文字、どんな言葉を使うかで全ての結果が変わってくる**んですよ。

僕は、外では社員や取引先に伝えることをしているのに、家族にだけ伝えることをしていなかった。家族だから分かってくれるだろうというのは甘えで、家族だから伝えなくていいわけじゃない。

だからママにも娘たちにも暴走ブラザーズたちに対しても、伝わるまで伝える。初めは分かってもらえなくても、いろいろな方法で、タイミングを見て何度も何度も伝える。伝えたつもりじゃなくて、きちんと伝える。

伝えることができるようになると、好きな人を好きにさせられるかもしれないし、取引先に契約をもらえるかもしれない。

「伝える」を意識してから、家族がさらに仲よくなりました。

いっぱい喧嘩して
ぶつかってきた

——パパが笑いに貪欲なところは、昔からですか？

「動画とか、外では割とそういう感じなんですけど、私の前だと、ちょっとキャラが変わるんです。友達みたいな感じで、真面目に話し合うことも多いです。パパと話していると、自分がもう一人いるみたいな感じなんですよ。親よりも、自分のことを分かっていると思います。私が一瞬でもなんか嫌やなって感じたら、すぐ察知してくれる。私がちょっとでも機嫌が悪い時は、あえて、距離を取ったりしますから」

——笑いのセンス、ツボ的なところの相性も合っていたのでしょうか。

「どうかな？　ただ、パパは頭がいいので、私をはじめ、家族の笑いのツボを全部、押さえているんです。だから、お前はこれで笑うやろ、お前はこっち系が好きやろって、分かった上で笑わせにきているんですよね」

——一緒にいる時間と比例して、そうなっていったんですか？

「それもあると思います。いっぱい喧嘩して、いっぱいぶつかってきたから。もともとは全然違う考えだったし、全然違う人種みたいでした（笑）。意見が合わなすぎて、喧嘩して話し合って、という時期を経て、今はパパ

ママ

が何を考えているかが分かるようになりました。パパも変わりましたけど、私もかなり変わったと思います」

――パパも、喧嘩ばかりの時期や、仕事の説明をしなかった時期があったって言っていたんですけど、どう乗り越えたんですか？

「もう、ずっとしんどかったです。何も説明してくれないから。こんなに思っているのに、なんで思い描いていた人生と真逆になるんやろうって。別れる可能性もあるのかもしれないけど、自分からは絶対にない。好きって気持ちが消えることはないので、ひたすら、耐えるしかなかったです」

――喧嘩を経て、ママが一番変わったのはどの辺ですか？

「安定を求めるというか、みんなと一緒じゃないとダメっていう感覚ですね。自分の母親から、〝そういうふうに（私を）育てたのに、今は全く真逆になって、本当に変わったよね〟って言われました。うちの母も私たちの考えに賛成してくれています。幸せそうにやっているし、自分もそう思うところもあるから、寄せていきたいって言ってくれました」

家族が趣味

僕はTikTokに動画をアップする前から、家族の写真や動画を撮るのが趣味でした。

家の中で、頭に探検隊みたいなヘッドマウントをつけて動画を撮るくらい趣味です。

家族のおもしろい、かわいい一瞬を残したいから、どうすればいいか考えて、いろんなカメラを持っています。

そしてその一瞬が撮影できるように、いろんなことを試しています。

当然ですがずっとカメラを回していると、偶然を捉えられる確率が上がります。

寝る時以外ずっとカメラを持っています。

これはYouTubeやTikTokのためではなく、ただ好きだからです。

普通の家庭では、どこかに行く時や何かが起こった時に撮影すると思いますが、僕

の場合四六時中撮っています。
たぶん日本で僕より一日中カメラを持って家族を撮っている人はいないです。
たぶん日本一だと思います。

それは僕の小さい頃の写真やビデオがほぼないからです。動画なんて一本もありません。

趣味なのも理由の一つですが、理由がもう一つあります。

僕の親は時間をあまり子どもに使いませんでした。

家が貧しかったのもあったのでしょうけど、カメラなんて向けられた記憶がありません。それが寂しかったから、だから僕は時間を家族に使います。


写真や動画のいいところは、**「今」を「後」で見ることができる**ところです。今を残すことができます。

今を後でみんなで見る。

僕は、**おもしろい動画や写真を家族みんなで見る瞬間ほど幸せなことはない**と思っています。

普通の家庭ではありえない行動をしているからこそ、「森ケの日常」の動画は撮れています。

TikTokやYouTubeを更新するためだけに動画を撮っている人もいますが、森ケはそうではありません。

今ではたくさんの人が見てくれるようになったので、「見てくれる人のために」という思いもありますが、一番の目的は**家族との思い出を残すため**です。

オワコンになっても、今と変わらず家族を撮り続けます。

YouTubeのためだけに家族を撮っているのではないって伝えたくて、こんな話をしてみました。

自分たちも思い出が残せて楽しいし、その思い出を皆さんと共有したら、皆さんもそれを笑ってくれて、楽しんでくれて、一緒に成長を喜んでくれて、僕たちは本当に幸せです。

何もできませんが、これからも「森ケの日常」をヒマツブシにしてください。

好きな時間

皆さんの好きな時間はなんですか？

僕の好きな時間は二つあって、一つ目は**仕事をしている時間**です。
正確にいうと、仕事をしてる中で喜びを感じられる時間のことです。
具体的には、仕事の問題が解決した時や、仕事の施策・戦略が当たった時。
その結果を仕事の仲間と喜ぶ時。
お客様に自分たちが考えたことを必要としてもらった時。

仕事を通して作ったモノやサービスというのは、お客様のことを考えて考え抜いた末に、お客様に必要とされて使われる。選ばれる嬉しさと、誰かのためになっている嬉しさ、これは何物にも代えがたい嬉しさや喜びがあります。
お客様はそれに対してありがとうの代わりとしてお金を払ってくれます。

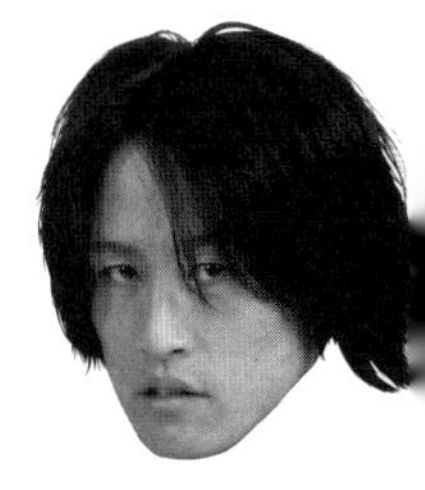

お金は、感謝、「ありがとう」が形を変えたものです。今僕はこの本をiPhoneやMacBookで書いています。スティーブ・ジョブズたちが、ただ儲けのためだけではなく、「こんなのが世の中にあれば便利だなぁ」「こんな人が助かるだろうな」と考えてくれたおかげで、僕たちは簡単に文章を、動画や声を届けられます。

しかし、世の中にはまだまだお金の認識が間違っている人が多い。

お金を稼いでいる人は銭ゲバだとか、お金を儲けている人は悪いことをしているみたいなイメージを持っている人をよく見かけます。

それは違います。

お金を持っている人は「ありがとう」をいっぱいもらっている人。

誰よりもお客様のことを考えて誰よりも行動しないと「ありがとう」が集まらないし、その考えたことをお客様が認めてくれて必要とされた時初めて、その「ありがとう」がもらえる。

タッチしても動かないスマホに、僕らはお金を出さないし買わない。

それは「ありがとう」って思っていないからです。

iPhoneやGoogle pixelはとてつもなく便利。誰かがYouTubeやTikTokを作ってくれたから、僕たちは動画で皆さんに何かを届けられる。

僕たちの周りにはたくさんの当たり前があります。それだけ選ばれてるから皆さんの手元や周りにある。今、周りを見渡してください。必要だからそこにあって、そのおかげで便利になったり、あるだけで気分が上がったり楽しかったり。それは誰かが一生懸命考えて動いて作ってくれたから、実現しているんです。

でもその人たちにも生活があります。

ありがとうだけじゃその人たちは生活できません。だから**ありがとうの代わりに「お金」を渡す**んです。

僕が仕事で何かうまくいった時は、「ありがとう」がもらえる状態に近づいたと感じます。どこかお店に行く時にも、お金使ってやるって気持ちじゃなくて、「ここでお店を開いてくれてありがとう」と思うし、牛丼屋さんなら「いろんな国のいろんな肉の中からお肉を仕入れてくれて、こんな安い値段でこんなに早く美味しい物を作るためにスタッフにレシピや工程を教えて、値段も器も看板の色も、全て誰かが一生懸命考えているからこのお店がある」と思います。

こんなふうに、知ってるサービスには僕たちには分からない努力がいっぱい詰まっていて、その中で一生懸命やってる人たちに並び、自分たちを選んでくれた時の嬉しさは、本当にこの上ない。

そして僕の仲間やその仲間にも森ケのように家族がいる。その家族も報酬や結果で喜ばせることができる。綺麗事を言いたいわけではなくて、僕は**誰かが喜ぶ、笑う、楽しいと思うその瞬間に自分が携われていることが嬉しい**。そう感じられる時間が好きで、だから仕事が大好きです。

もう一つは**家族の時間**。

僕の好きな時間は、家族みんなでリビングで遊んでる時。

何をするでもなく、そこにみんないて、それぞれがゲームしたり、殴り合ったり（笑）、お菓子食べたり、いきなり誰かがアイス食べたいと言ってコンビニにアイス買いに行ったり、Ｕｂｅｒでタピオカ頼んだりして、みんなが好きな物を食べる。

旅行に行って美味しい物を食べるのも楽しいけど、それよりも家にみんないて、家

族みんなが好きな物を同じ場所で食べる。

それだけで幸せで、それ以上何もいらない。

もっと笑顔を作りたいから大きな家に住みたいし、もっと仕事を頑張らないと、と思う。

でもみんなで誰でもできることができれば僕はそれだけでいい。

こんな当たり前のことが、いずれ当たり前でなくなるから、こんなふうに今、一緒にいられてるこの今を、僕はママと噛み締めながら楽しんでる。


怒ってる時間なんてもったいない。

悩んでる暇なんてない。


もちろんしつけや常識は大事だと思うけど、**本当に必要なものは愛情。**

それ以外いらないと思う。

むちゃくちゃな家に育った僕は、それが欲しかった。

だから僕が欲しかったものを与えている、というか伝えている。

そして、愛を与えられる相手がいるこの状況がたまらなく嬉しい。
子どもの頃に愛情のない家で過ごしていたからこそ、今こうやって当たり前を当たり前じゃないと感じることができる。

いつか自分はこの世からいなくなる。
「時間は終わりが見えた瞬間から輝き始める」と、昔どこかで見た記憶がある。
修学旅行は終わりが決まっている。だから短く感じる。だから楽しい。
僕は人生がこの先ずっと続くと思っていました。
でもいつか終わりがくる。必ずその時はやってくる。

僕は何をして、何を残して、どう思われて死にたいのかと考えた時に、**「家族にこの家に生まれてよかった、ここにいられてよかったと思ってほしい」**と強く思いました。僕はママに、この森ケという家族に助けられました。**いつ死んでもいいと思っていた人生が、今では終わってほしくありません。**

一秒でも長く、濃く、生きていたい。

今とっても幸せだから。

家族でアイスを食べていると、辛かったあの頃の自分を慰めてあげられているようで、あの時の自分と今、肩を組んで、あの時頑張ってよかったなって噛み締めているような感覚です。

自分に生まれてよかったなって思う。

だって、こんなにふざけた、こんなに最高な家族に出会えたんだから。
だから、もう一つの好きな時間は、家族といる時間です。

こんな家に生まれて

僕はたまたま、親父とオカンの子どもに生まれました。

生まれるところは選べません、運です。

僕は今日まで二人にはいろんなことを思いました。寂しさ、悲しさ、惨めさ、憎しみ、いろんなマイナスな感情を抱きました。プラスな感情はありません。そして「嫌い」を通り越して、いつしか無になりました。それは二人から愛情を感じたことがなかったからです。

お腹を痛めた子どもを愛していない親がどこにいるんだと思うかもしれません。でもそれはあなたの父ちゃん母ちゃんが素敵な人だからです。当たり前のことを当たり前にできる素晴らしい人だからです。

ママが言っていました。

「自分の親は何があっても自分を裏切らないっていう自信がある」

僕はそんなこと言えません。そんな繋がりがあるママが羨ましくて、羨ましくて、それを思えば思うほど、寂しくて。

今まで、理想の家族のことをいっぱい想像しました。親父がこんなんやったらなって。こんなんしてくれたらな、オカンがこんなふうにいてくれたらなって。こんなふうに思ってくれたら嬉しいなって。

僕には弟と妹がいます。家族バラバラになってからずっと、未だに思うことがあります。家族で旅行なんて行かなくていい。クリスマスにケーキもチキンもプレゼントもなくていい。お正月、豪華な料理もお年玉もなんにもいらないから、**普通に家族みんなで過ごしてみたかった。**

周りには「じいちゃんとばあちゃんが僕にとっては親父とオカンだ」っていつも言っていました。親父やオカンより愛してくれるじいちゃんとばあちゃんを親と思いたかったから、自分に言い聞かすためにわざと言ってたのかもしれません。

でも本当は親父とオカンがよかった。

僕はもう親父とは何年も連絡を取ってなくて、オカンにはこの本を書くことが決まってから会いに行きました。オカンの家にはちょくちょく子どもを連れて遊びに行っていたけど、オカンが出ていったあの日から、気まずいまま今まで来ました。

この十何年間、オカンにずっと聞きたかったことがあって。

それは、オカンが出ていった日、**なぜ僕一人を置いて何も言わず出ていったのか**。

ずっと聞きたくて、でも怖かったから聞けず逃げていました。何を言われるか分からないから。

でもこのタイミングを逃したらもう一生聞けない気がして、オカンに連絡を取って会いに行きました。電話して「話がある」と言うと、びっくりしたような感じでした。

オカンと二人きりで話すのも何十年ぶりで、向かう車の中は緊張しました。着くのが怖くて、いつもなら赤信号になるのが嫌だけど、その日は信号が赤になればいいのにと思いながら、遠回りをしながら車を走らせました。

二十分で着く道のりを、倍の時間かけてようやく到着しました。

動画を見たら分かると思いますが、オカンの家の壁紙の趣味は変わっていて、リアルに描かれたいろいろなアニマルの壁紙で、そのアニマルたちが出迎えてくれます。
二階に通されて、病気の時に布団に入ったままご飯が食べられるテーブルみたいなローテーブルを机にして、その上には「お～いお茶」のミニサイズと、誰も知らないメーカーのサイダーが置かれていて、僕たちはそのローテーブルを挟んで話し始めました。なかなか本題を切り出せなくて、どーでもいい話をしていたのですが、オカンから「今日の話って何？」と言われて、よし喋ろうと決心して話し始めました。

「今日は、オカンが出ていった日のことを聞きたくて来た」

それから、その日に引っ越し屋が来たこととか、じいちゃんばあちゃんにも相談せずに出ていったこととかの話をしました。その間もオカンは困ったような顔で頷きながら聞いています。

「オカンはなんであの日僕に何も言わず出ていったん？　弟と妹だけを連れて」

続けて、

「オカンって僕のこと嫌いなん？　オカンから愛情を感じたことがない」

ついに聞くことができました。

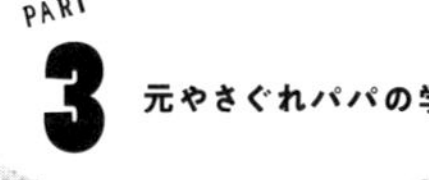

するとオカンはアゴに手を当てて斜め下を見ながら黙り込んで、しばらく経ってようやく話し始めました。

「にいちゃん（僕のこと）は手に負えなかったから。私のことを嫌いと思ってたから、この子は私のことは必要じゃないって勝手に思ってた。にいちゃんとは喧嘩ばかりだったから、にいちゃんから逃げた」

「愛情なぁ……あったよ。でもにいちゃんがないと思ったんやったら、なかったんかなぁ？　分からんわ、でも辛い思いさせたな、ごめんな」

オカンは僕に直接「愛情がない」と言ったらかわいそうだから、気を使っているような言い方をしていました。やっぱり僕が想像していたような返事でした。当時の僕は少し荒れていたので、オカンの手に負えなかったんだと思います。

でもとてもスッキリしました。

「そうか分かった、喋ってくれてありがとう。産んでくれてありがとう」

帰りの車の中で少しだけ泣きました、ほんの少しだけ。

それ以来オカンとは会っていません。

僕はメンヘラではありますが、感傷に浸っているわけでも、不幸自慢のインタビューを受けているわけでもありません。このことは今までママ以外の人に言ったことがないですし、もう自分の過去のことを喋ることはありません。

でも僕は今、強がっているとかではなく、**本当に心から親父とオカンに感謝しています。**

「こんな家に生まれて、こんな家に生まれて」といつも悔やんでいたけど、この家に生まれていなければ、森ケという家族を大切にしたいと思うこの気持ちも、仕事を頑張れるこの意欲も抱かなかった。こんな考え方や状況下には絶対なってなかった。

辛い思いがあったからこそ、当たり前をありがたいと思える。
寂しい思いをしたからこそ、人の温かさをより温かく感じる。
クーラーを自由につけられるだけで幸せと思える。

自分がずっと想像していた、親父やオカンにしてほしかったことを、今僕は家族にできています。

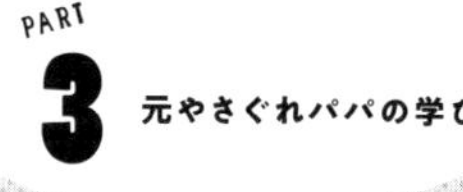

自分がされて嫌だったこと、寂しかったこと、辛かったことを、家族にせずに済んでます。

家族でいろんなことをしてない分、森ケで全部できてます。

もし神様がいるなら、今のために神様が楽しみを取っておいてくれたんだと思います。

そして、いつか子どもたちに思ってほしい。

「この家に生まれてきてよかった」って。

PART 4

ヤバい家族の爆笑生活

ペアリング

動画を見てくれてる人なら分かると思いますが、森ケには〝くだり〟がたくさんあります。〝くだり〟とは、こう言ったらこう言う、みたいな家族しか分からない一連の流れや歌のことです。

例えば、誰かが会話の中で「ホンマに?」って言うと、「ホンマにー、アンソニー、シンフォニー、エビバディー」と繋げる。

僕が「お前たちぃー」って言ったら、娘が「カマイタチィー」、そしたらくーちゃんが「山嵐ぃー」、その後娘が「鬼のよう」、その後僕が「秀臣ぃー」と続ける。

僕がカチに「シャオシャオ?」って言ったら、カチが「誰がシャオシャオやねん」って言うなど。

他にも、

・素足に靴んんんん（素足で靴を履いてる家族がいたら歌う歌）
・バンバンビーン（当時まだ喋れなかったナヅに僕が言わせていた言葉をみんなも使うようになった）
・インキンインキリキン（耳を触るのが好きな僕が家族の耳を触る時に歌う歌）
・あんたちんあんたちん（誰かを呼ぶ時の言葉）

こんなわけの分からないくだりがたくさんあります。

考えるのはいつも僕です。一つひとつの言葉に思いや意味を込めていて、実は大切なことを言っています。

……と言って深さを出したいのですが、残念ながらなんの意味もありません。「ないんかーい！」とツッコミが入りそうですが、ホンマになんの意味もありません。

誰かがその言葉を言えば、誰かがお決まりの言葉を言う。家族だけしか分からないけど、分からないからいい。**自分たちにしか分からないことを自分たちだけで言い合って笑う。ただそれだけで楽しいし嬉しい。**

娘とも恒例のやり取りがあります。

娘が小学校低学年の頃の話です。娘は足が速くて、そのうえ負けず嫌いなので、運動会の前日の夜に娘とくーちゃんと三人で運動場へリレーの練習をしに行きました。

季節は九月の終わりで、湿気がなくカラッと涼しくて、空には星が出て、綺麗な夜でした。僕が「パパこの日一生忘れへんわ」って言うと、娘がすかさず「おっ、言うたな！　絶対の絶対に忘れんなよ」と返してきます。

僕は家族と一緒にいて、思い出に残った景色や印象に深く残ったことがあった時だけ**「この日一生忘れへんわ」**と言うのですが、いつ言ったかを娘が事あるごとにクイズみたいな感じで聞いてくるようになりました。ちなみに、僕の一生忘れない景色は今のところ全部で四つあって、運動会の前日・高速道路で見た夕陽・引っ越す前の原付バイク・キャンプに行った日の夜、です。

これを言えないとめちゃくちゃ責められるので、僕が「覚えてるに決まってるやん！」みたいにうろ覚えな感じで答えていくという変なくだりがあります。

覚えていないと、家族のことを思ってないと判断されて信用を失うので、頑張って答えないといけません（笑）。

「おいパパ、一生忘れない日言うてみ?」と、そのテストはいきなり始まります。僕はとてつもなく忘れっぽいので、そのテストがきたらドキドキします。びっくりして思い出せず考えていると、「おっ忘れてんのか? 一生忘れないって言った日忘れたんか? おい!」と詰めてきます。「待て、ちょっと待て、焦らすな! 今思い出すから」と弁解すると、「思い出すちゃうやろ、一生忘れない日すぐ言えんとどうすんねん」となじってきます。最後にはギリギリ言えて、許してもらえます。

なんか一体感というか、お互い繋がってる感じがして、忘れたら娘が怒ってくる感じも嬉しい。

僕は、**家族って力を合わせて幸せというゴールを目指すチーム**だと思っています。そのゴールを目指すためにはチームワークが必要。

家族以外の人が見たら意味が分からなくて気持ち悪いかもしれないけど、僕たちにしか分からないこの言葉の掛け合いは、**僕たち家族だけのお揃いの物を身につけてるような感覚で、形をなさないペアリングみたいな役割**です。

仕事の会食で美味しい物を食べることがよくあります。美味しい物を食べるとママが頭の中に出てきます。しばらくすると娘やくーちゃん、暴走ブラザーズも頭の中にやってきます。

二月二十八日はママの誕生日です。オクが生まれてから三年間、ＹｏｕＴｕｂｅを始めたり、ナヅが生まれたり、僕の仕事のこともあったりと、何もしてあげられていませんでした。

だから、今年（二〇二四年）はサプライズで旅行を計画して、朝いきなり起こして、買っていたプレゼントを渡して、旅行に連れていくみたいなのを実行しました。子どもたちはママの弟に子守りを頼んで、久しぶりに二人きりでの旅行です。

久しぶりの旅行とかいって、何回も行ったことある感出してますけど、二人でちゃんと計画して行ったのは一回くらいしかありません。

ママは蟹が好きだから、蟹が食べられて、部屋に景色の綺麗な露天風呂がついてる高めの宿に泊まりました。宿に着き、チェックインをして部屋に入ると一面オーシャンビューで夕日が差し込み、とても綺麗でした。

でも頭にはアイツらがやってきます。**綺麗な景色を見たり、美味しい物を食べたりすると必ず家族が頭の中にやってきます。**

アイツらと来たら楽しいだろうなぁ、風呂で潜るんやろなぁとか、娘やくーちゃんにもこの景色見せたいなぁって、みんなで来てたらこんな感じやろなって、またみんなで来たいって思います。

せっかくママの誕生日なのにって思うかもしれませんけど、ママも僕と同じ様子でした。その宿は好きな浴衣が選べたんですが、自分の浴衣を選ぶ前に、娘にはこれが似合いそうとか言っていました。

部屋の冷蔵庫にはご当地サイダーみたいなのが入っていたのですが、ジュースが大好きなくーちゃんに飲ませてやりたい、と、くーちゃんがそこにいることを想像して二人で喋っていました。

たぶん一緒に来てたら来てたで、冷蔵庫の中は一瞬で空にされて、布団はめちゃくちゃになって、森ケの部屋の汚さみたいになっていたと思いますが。

たまにママと二人で買い物に出かけることがあります。行く前は楽しみだし、行くと楽しいのですが、一人で行くより、ママと二人で行くより、ママパパと娘二人の四人で行くより、みんながいいなと行くたびに思います。

僕とママには共通点があります。

好感度とか綺麗事で言ってるわけではなくて、**自分を喜ばすより誰かを喜ばすことの方が、喜びがはるかに大きいし幸せ**なんです。大事な人限定ですけど。

思い出は思い出すと書いて思い出。

思い出は、誰かと共有した時にこそ輝くと思っていて、一緒に行ったことで生まれた感情とかその時起こったおもろいこととかを、後から思い出しながら答え合わせするのが楽しい。その時行ったその場所に戻っているような感覚になって、また楽しくなる。

着飾って旅行に行って一人で綺麗な景色を見て美味しい物食べて、自分を喜ばしても、僕は何も楽しくないし、そんなことに興味がない。

娘やくーちゃんとスーパーに行った時「これママ好きやから買って帰ろ」とか、原宿に行った時「ママにこれ食べさせたいなー」とか言っていたら、娘たちも同じように、出かけた先で暴走ブラザーズたちに買っていってやりたいとか、連れてきてやりたいとか言うようになりました。それを真似して、最近カチも弟や娘たちのことを言うようになってきました。

嬉しいなぁ、みんな真似してくれてるわと思い、ママにそのことを話しました。するとママは半笑いで言いました。
「子どもたちと買い物行った時、パパの話は誰もしてないよ」

やっぱり一人で綺麗な景色見てきます。

幸せの方程式

皆さんにとって「幸せ」ってなんですか？

幸せって何か、考えたことはありますか？
僕もママも、自分にとって何が幸せか分かっています。

僕はニューメキシコ大学の自己省察研究による**「価値観リスト」**を十年前くらいから定期的にやっています。価値観リストというのは、八十個項目がある中から自分が大切だと思うものを選んでいき、最終十個に絞るっていうものです。いろんなバージョンがあるので、表現や順番が違ったりするのですが、イメージしやすいように、僕が使っているリストの最初の五個を出しておきます。

一．家族愛
家族との絆を深める時間を過ごすことや、家族の幸福を願うこと。

二．社会貢献
地域や社会に奉仕する活動やボランティア活動、他者のために役立つこと。
三．自己成長
新しいスキルや知識を身につけることや、個人的な目標を設定して成長すること。
四．冒険と挑戦
新しい経験やチャレンジを求めることや、自分の限界に挑戦すること。
五．平和と協力
他者との協力やコミュニケーションを大切にし、平和な共生を目指すこと。

こういう八十個の価値観の中から、**大切だと思うものを十個に絞るという作業を、時間をしっかり取ってちゃんと考えてやる**んです。なんでこれを選んだのか、理由も考えながら。**定期的にやってると、価値観が少しずつ変化していくのも分かります。**

これをする理由は、**自分のことを知るため**です。

自分ってよく分からないじゃないですか？　何がやりたいとか、何が向いてるとか。

昔ＹｏｕＴｕｂｅの広告で「好きなことで、生きていく」みたいなことを言ってい

たじゃないですか。

あれを見て、好きなことがないといけないみたいな風潮になって、やりたいことがないとか、好きなことが見つからないとかいう悩みをよく聞くようになった。

でも、そんなもの見つかるはずないんですよ。価値観を知らないから。

自分の価値観があって、それが判断の基準になって、好きな物が見つかるんです。

いきなりですが、今からあなたに五問質問を出します。一つの質問を読んだら三秒以内に答えてください。三秒過ぎたら次の質問に移ってください。

それではいきます！

一．一番好きな色はなんですか？
二．嫌いな食べ物を三つ教えてください。
三．何をしている時に楽しいと感じますか。
四．尊敬してる人は誰ですか？　どんなところですか？
五．好きな人に自分のよさを伝える時、どんなふうに伝えますか？

どうでしたか？
これをスッと答えられる人は、自分のことをよく知っていて、よく考えている人です。

僕は仕事やいろんな繋がりで上場企業の社長やインフルエンサーの方とよくお会いするのですが、うまくいってる人には共通点があって、それは自分のことをよく知ってるってことなんです。

自分は何が好きで何を求めていて何が必要ないのか、軸をしっかり持っています。

自分のことを知ってると生きるのが簡単になります。迷わなくなるからです。

人間関係や進路、将来の仕事、転職も結婚も恋愛も、何かを決める時は悩むし、皆さんも実際悩んできたと思います。**悩むのは自分のことが分からないから**です。自分のことを知ってると決めるのが楽になって、進むべき方向が分かるようになります。

僕は価値観リストの中に「家族愛」があるから、家族が嫌がることを避けたり、家族みんなでできることをしたりと、行動が絞られてくるんです。

家族が一番なんで、友達と遊ぶなら家族とどこかに行きます。昔は友達と遊びに行ってたけど、価値観リストが変わってからは遊んでないです。仕事でもそうで、家

族といつも一緒にいたいから、外に行かないとできない仕事は辞めたし受けないっていう決定ができるんです。だからずっと家で仕事をしてます。

家族が嫌がる人間と関係があったり、よくキャバクラや飲み屋に行ったりする人とは付き合いません。家族を大切にしてない人とは付き合わないし、付き合ってもどうせ価値観が合わないから疎遠になります。

以前、仕事関係の人に、「僕はずっと家にいて仕事をしています。ほぼ外に出ることはないですね」って言ったら、その人「かわいそうっ！　浮気もできないじゃないですか？　絶対遊びに行った方がいい、損してますよ！」って言ったんです。僕が自分の価値観を知らなかったら、もしかしたら損してるのかもしれないと思うかもしれません。でも八十個の価値観リストから時間をかけて自分の価値観とその理由を出してるので、それが指標になって迷わないんです。

自分の価値観を知っていれば、**誰かの価値観に合わせなくてよくなる**んです。羨ましいとかそっちがいいかもなんて思わずに、自分はこうだと決められるんです。

自分を知ることにはいいことしかないという話ではなくて……。すいません、前置きがとてつもなく長くなりました（笑）。

この項の冒頭で「『幸せ』ってなんですか？」って聞いたと思います。
価値観リストをやることの最終目的は、**自分がどんな時に幸せを感じるか知る**ことにあります。どうなったら幸せなのかを見つけるための道具です。僕が思うに、幸せの答えは価値観の先にあります。価値観というものがあって好きなことが見つかり、それが幸せになる。

僕の幸せは「家族」です。

「家族と幸せな家庭を作る」、「何か重要なことを達成する」、「新しくてワクワクした体験をする」。これは僕の価値観リストの一部です。リストアップしてみると、やりたいことも見つかります。
「娘のことを知らない人がいないくらい娘を有名にする」
これが僕のやりたいことです。

この項の見出しの「幸せの方程式」は価値観リストを突き詰めた先にあって、何をしてる時、何があれば幸せなのかを表したものです。
僕の幸せの方程式はこれです。

家族＋お金＝幸せ

大切な家族がいて、家族を守れるだけのお金や状況があること。大切な家族がいるからこそ、家族を守るためにお金が必要で、それさえあれば僕は幸せなんだなと。あとは何もいらない。

価値観は経験を重ねることでどんどん変わっていきますが、僕にとって家族とは変わらない定数です。

だから、家族を守るためのお金を得るために一生懸命仕事をするし、それに関わる人たちを大切にする。その人たちがいないと家族を守れないから。自分一人では何もできないから、僕が家族と笑えるのは、僕たちと関わってくれる人や、仕事関係者、お客様がいるおかげです。そう思いながら仕事をしています。

あのアップルを作ったスティーブ・ジョブズが亡くなる前に病床で話した内容がとても深く心に響いたというか、僕の心に突き刺さりました。

「私はたくさん勝ってきて、たくさんのお金を得た。でも病気には勝てない。ある程度お金を手に入れたら、その後は、大切な家族や友人と過ごした方がいい。死ぬ時に

持っていけるのは大切で大事な人との記憶や思い出だけだ。もっと友人や家族といる時間を作ればよかった」

人はいつか必ず死にます。

今日生まれた赤ちゃんも百年後にはおおよそいないでしょう。

人はいずれ死に、いずれ忘れられます。

だから、自分が生きていられるこの百年間、好きな人と好きなことをして死ぬ方が僕は幸せだと思いました。


いつか死ぬから適当にするのではなく、いつか死ぬから一生懸命する。いつ別れても後悔しないよう、一生懸命に人と家族と接する。


僕にとって家族は人生です。

僕はお金に苦労し、家族に苦労しました。でも今、家族を守れるだけのお金と守りたいと思える家族がいます。僕は今、本当に幸せです。

僕の幸せの方程式のお話でした。

皆さんの幸せの方程式は何＋何ですか？

森ケの目標

森ケの目標とか目的とか、今まで詳しく喋ったことがなかったので、ここではそれについて喋ってみようかなと思います。

森ケでは、**ママと娘と話し合って、短期目標と中期目標と長期目標を作っています。**

二〇二〇年六月四日のＴｉｋＴｏｋを投稿したあの日からずっと変わらず、ママと僕の目標は娘を有名にすることです。詳しい目標を話す前に、時間を少し遡って森ケが始まった時から今までの話をさせてください。

僕は手掛けていたいろんな事業を二〇一九年にいったん一区切りさせました。売却したりして縮小していきました。独立して自営業を始めてから僕は仕事しかしておらず、ろくに家族といませんでした。そろそろ家族との時間を作りたいと思い、家で仕事ができるように全てを調整していた頃でした。そのタイミングで信じていた仲間の大きな裏切りもあり、精神的にしんどい時でした。

その後すぐに追い討ちのようにコロナ禍が来ました。
不謹慎ではあると思いますが、僕にとってコロナは本当にありがたかったです。
子どもたちもコロナで学校が休みになり、まるで今まで一緒にいなかった時間を補ってくれているようでした。

そんなところでのＴｉｋＴｏｋでした。

娘が常々「有名になりたい」と言っていたので、やってみようとは思いましたが、ＴｉｋＴｏｋが何かもよく知らなかったので、一本投稿してから猛勉強し、ＴｉｋＴｏｋを分析しました。

当時のＴｉｋＴｏｋは若い子がダンスを踊るだけみたいな動画ばかりで、大人なんていませんでした。

とりあえずルールは分かったので、本気でやってみようと思いました。

ダンス動画を投稿したらバズって、こんなに人に見られるんだと思いました。娘とガッツポーズしたのを覚えています。

でもこれだと音楽やダンス次第になって、再現性がないなと思っていました。

当時、娘もくーちゃんも、普段からパパの部屋に突入しては、いろんな話をしてくれたり手紙をくれたりしていました。学校であったおもろい話や、お菓子の話をしてくれるので、僕はそれにツッコミを入れたりしていました。

思い出のために四六時中カメラを回していたので、僕もママも足音が聞こえたらすぐにビデオを撮る癖がついていました。

その日も、娘が「パパパパー」と言いながら僕の部屋に入ってテストを見せてきました。悪い点数なのにわざわざ見せに来たので、僕は「頭悪」ってツッコみました。

その後、娘と二人でその動画を見ておもろいなって笑ってる時に、ビビビとひらめきみたいなのが僕の頭を走って、「コレや！　そうだ、いつもの森ケをＴｉｋＴｏｋにあげていこう」って娘と決めました。

動画を投稿してみたら、びっくりするくらいバズりました。

娘は何か持ってて、アイツがたまたましたことがヒントになることが多いんです。今の森ケのＴｉｋＴｏｋでは、娘が「パパパパー」と言いながら入ってくるのが定番になっているのですが、この動画から今のＴｉｋＴｏｋの形が生まれました。

「なんでこんなにタイミングよくカメラ回してるの？」とよく言われるのですが、も

ともとＴｉｋＴｏｋのために撮っているのではなくて、日常を撮影するのが当たり前やったんです。

バズったのも嬉しかったけど、何より嬉しかったのは**娘と一緒に何かに取り組めたこと**でした。

娘が本気で向き合っているものを僕も本気でできるのって最高じゃないですか。

投稿し始めた当初、ママは全く乗り気でありませんでした。恥ずかしいとさえ言っていました。

当時のフォロワーは十五万人くらいだったのに、そんなママの前で、娘と僕は百万人を目標にしていました。そして、二〇二一年十月に百万人になりました。現在は百七十万人もの方がフォローをしてくれています。

それからＹｏｕＴｕｂｅを始めました。

ママは初めは編集を鬼嫌がっていました。でも僕は、ママは編集が絶対に向いていると思っていたので、ＭａｃＢｏｏｋを買ってプレゼントしました。

実はママはもともとミシンを使ってオリジナルのカバンやグッズを作って自分で売ったりしていて、商品を出すと三十秒くらいで売り切れるほど人気で、毎回の売上

が百万円くらいあるミシンのクリエイターでした。

動画編集もミシンも、バラバラなものを切って縫い合わせる作業です。ミシン仕事の仕方を見ていた僕は、ママは絶対に動画編集にハマると思っていました。するとまんまとハマりました。

今ではＹｏｕＴｕｂｅの編集を全てやってくれてます。

ママの編集があってこその森ケの動画です。

初めは嫌がってやってたママも、コツを掴んだら編集技術がメキメキと上達しました。僕も初めは「こっちの方がおもしろいんじゃない」みたいに口出ししてたけど、今は一切何も言っていないし、ツッコミの言葉も的確で、僕も視聴者さんと同じ気持ちで、早くママの編集した動画が完成しないかなって思って待っています。

ナヅも動画のおもしろさが分かるのか、一歳なのに動画確認の時は必ず見に来ます。

森ケの動画は一週間に一本のペースで出していて、土曜日に十二時間くらい撮影して、それを三十分くらいにまとめています。ママが一人で全て見て、動画に使うところを抜いていきます。ママは本当にプロフェッショナルで、動画投稿の一時間前まで、何回も何回も、効果音を変えたり、ツッコミの文言を変えたり、最後の最後まで修正を入れて、翌週の金曜日に投稿しています。

絶対に適当なものは出したくない、わざわざ時間を使って見てくれる視聴者さんを裏切りたくないと言っています。

ママとハイタッチして喜んでいたのですが、今や百万回も見てくれるようになって、今現在、ありがたいことに八十三万人もの方に登録してもらっています。

こんな感じで進んできた「森ケの日常」のこれからは、短期の目標としては**YouTubeは百万人を目指します**。が、YouTuber的な、百万人目指して頑張ります、みたいなのではなくて、とりあえず金の盾が欲しいなと。今家にある銀の盾は暴走ブラザーズに投げられまくってズタボロで、金の盾も同じ運命をたどることになるとは思いますが。YouTubeをやってるのなら金の盾はもらおうぜみたいな感じです。応援してくれてるファンの皆さんがいてこその数字なので、一緒に同じ気持ちを共有できるように、目標として百万人にしています。

あとは、近々オフ会を開催してファンの人たちと絡んでみたいです。

中期の目標としては、正直まだちゃんと決まってませんが、娘と昔から言っている

大きな家を建てることです。

森ケは大体家で家族といるので、プールや滑り台を作って家族との時間をもっと楽しくできたらなと思っています。

もしくは、娘が海外に住みたいと言っているので、二年くらい海外に行くかもしれません。

長期的目標は、これはママとずっと言ってるのですが、**家族で仕事をする**ことです。なんの仕事かは分かりません。

いずれ子どもたちは家を出ていきます。でも仕事で繋がっていたら、ずっと一緒にいることができます。

さっきも言いましたが**「娘のことを知らない人がいないくらい有名にする」**っていうのがママと僕の目標です。だから五年以内に僕の今やってる事業を完成させて引退して、娘や息子たちにフルコミットして、ママと一緒に娘をサポートしたいと思っています。

娘が「とてつもなく有名になりたい」と思わなかったら、僕たち家族がいろんな方に見てもらえたり、僕がこんなふうに本を出したりすることはありませんでした。

活動を始めた頃は周りにバカにされて、ＴｉｋＴｏｋをしてると言ったら鼻で笑われたこともあります。

ママやママの家族も、初めは反対していました。でも今では、ママはＹｏｕＴｕｂｅの編集をやってくれて、ママの父ちゃん母ちゃんも森ケを自慢に思ってくれているそうです。

娘のバカみたいな夢をバカな父親と叶える物語は、今では家族だけに留まらず、たくさんの人が応援してくれるようになりました。

娘のゴールがどんな形になるか分からないけど、僕は、いや、パパは、その景色が見えるまで応援し続けます。

お前の一番のファンはパパだ。夢を見させてくれてありがとう。

叶えに行くぞ、バカみたいな夢を。

別に裕福じゃなくてもいいよ

――ママが編集をしてYouTubeが人気になったそうですね。

「最初はやる気なんてなかったんです。iPadで編集してくれって言われて、嫌々やらされてるくらいの感覚でした。それがある日突然、MacBookを渡されて。みんな頑張ってるし、娘の夢でもあるから、これはやらなあかんなって。パソコンなんか触ったこともなかったんですが、独学で勉強して、なんとかやれるようになったんです」

――一本仕上げるのに、どれくらいかかっていますか？

「めちゃくちゃ時間かかります。一日中カメラ回してますから、それを再生して使うところをセレクトして、カットするだけでも二十時間くらい。トータルだと、一本で三十時間以上になるかな。でも意外と、こういう地道で地味な作業が好きなんです。時間かけて丁寧に作って、完成させるっていう。没頭して、ご飯もトイレも行かずに長時間やっちゃうタイプで。しんどいんですけど、やめようっていうのはないですね」

――そしてお金について、パパはかなりシビアで、重要視していますね。

「そうですね。お金がなくなったら、家族が家族じゃなくなるってよく

ママより

言っていました。私は別に、パパがたくさんお金を稼いでこなくても、その収入の範囲内で生活すればいいと思っているんです。働かないっていうのは嫌だけど、給料が多くなくても、特別に裕福じゃなくてもいいよって言っていたんです。正直、私はお金はいらないから、もっと一緒におってほしかったなって。今は仕事が軌道に乗ったみたいで、一緒にいる時間が増えたのでホッとしています」

――ママが、この先の森ケに望むことは？

「ずっと一緒にいて、仕事も一緒にできたらいいなって。そうしたらずっと、近い存在でいられるでしょう。大人になって、就職して違う仕事をするようになったら、どうしても一緒に過ごす時間がなくなっていく。私は家族でずっと一緒にいたいので、娘が結婚したら旦那さんとも一緒に住みたい。そう話したら、パパはそれは嫌だって。私はそういう形でも一緒にいたいんですけどね（笑）」

非常識健康家族

僕たちを一言で表すと「非常識」がふさわしいと思います。こんな家族ぐるみで非常識なやつらの本を手に取ってくれてありがとうございます。これからも引き続き非常識でいこうと思っています。

僕たちはむちゃくちゃですが、非常識なくせに**とても健康に気を使っています。**食べ物は特に意識をしています。

「嘘つくな！　お前らが健康に気を使ってるだと？　どうせお前らの主食はヤンヤンつけボーだろ」

皆さんがそう思うのも分かります。僕たちの動画のイメージだと、ご飯は「ヤンヤンつけボー」か「よっちゃん タラタラしてんじゃね～よ」が妥当です。森ケがトー横やグリ下にいても違和感はないし、そう言われても仕方ないと思います。

でも**ママが昔から食べ物にはすこぶる気を使ってくれていました。**

娘が生まれてからは特に、体に悪い物を口に入れさせたくなくて調べまくって、体に悪い物はたまにしか食べなくなりました。僕と娘は似ていて、マイライフイズジャンクフードドレッツゴーみたいなやつなので、朝昼晩ファーストフードでも大丈夫でしたが、ママの影響で全く食べなくなりました。

くーちゃんは小麦粉を食べると体が痒くなり肌がボロボロになります。くーちゃんとカチはアレルギー体質で、甘い物を食べすぎたり、小麦粉のラーメンとかうどん、パンを食べたりすると全身ボロボロになります。

いろんな病院に行ったけど、ずっとはっきりした原因が分からなくて、小麦粉や添加物をやめると治まってるんで、たぶん小麦のアレルギーなんだと思います。

ママも、食べても痩せてしまうことで何年も悩んでいて、食事の後は必ずトイレにこもっていたんですけど、小麦粉をやめたら治りました。

僕が調べてみた限り、ママはリーキーガット症候群といって小麦粉を食べると下痢になったり体調が悪くなったりする病気みたいで、小麦粉をやめたらピタッと治まりました。

でもママはパンが大好きなので、料理が得意なママは小麦粉不使用の米粉のパンを自分で作ります。それがとてつもなく美味しいんです。僕はパンは好きでも嫌いでもないのですが、ママが作る米粉のパンは本当に美味しくて。全国には小麦アレルギーやリーキーガット症候群に悩んでる方がたくさんいるから、いつかこのパンを全国に届けられたらとママと話しています。

森ケが食べ物や健康にこだわるのは、どれだけ楽しい場所、遊園地、旅行、温泉、好きなアーティストのライブに行っても、歯が痛かったり、インフルエンザだったり、**体調がよくないだけで楽しくなくなる**からです。

だから、常に楽しくなれるように、楽しくない人がいないように、健康に気を使っています。

初めて健康が大事だなと思ったのは高校生の時。

修学旅行がありましたが、僕は「行かない」とばあちゃんに言いました。貧乏やったじいちゃんばあちゃんにお金を出してもらって迷惑をかけたくなかったのです。

するとばあちゃんは「行きなさい！」と両手のこぶしを自分の腰に当てて、細木数子みたいな占い師っぽい顔をして僕を旅行に行かせてくれました。

ばあちゃんありがとうと思いながら、みんなと長野へ向かいました。

長野といえばスキーです。三泊四日の旅行で、二日目がスキーでした。

当時から僕はとてつもなく目が悪く、裸眼が〇・〇一とかで、コンタクトを入れていました。二日目の朝、コンタクトを入れようとコンタクトケースを開けると、中にコンタクトが入っていません。目が悪すぎて、前日の夜コンタクトケースに入れたと思ったコンタクトは、ケースの外でカピカピに乾いていました。

お金がないから替えのコンタクトはありません。いつも二週間用のコンタクトを半年とか使っていました。仕方なく片目だけ入れました。左目は見えて右目は見えないので平衡感覚や距離感がよく分かりません。

しかもよりによってスキーです。

右目は〇・〇一、吹雪いていないのにホワイトアウトみたいです。

両目を開けると感覚が変になるから、コンタクトの入っていない右目をつぶって滑ります。

でもみんなは僕が片目をつぶってる理由なんて知りません。

だから、ゲレンデでウィンクして滑るキザなやつだと思われてたと思います。
目が見えないだけで楽しさは半減どころか三分の一でした。**目も健康の一つ**です。

最近でいうと、僕には二年くらい前から体に関してずっと悩んでいたことがありました。原因ははっきりと分かっていて**「ストレートネック」**になってしまったんです。
「ストレートネックって何？」って方に簡単に説明すると、スマホやデスクワークが原因で首がまっすぐになることです。それが原因で肩こりや腰痛、手の痺れが出たり、目がかすんだり、ひどいと鬱に似た症状が出て、何もやりたくない、だるい気持ちになったりすることがあります。

人によって症状は様々ですが、僕の場合は首がいつも痛くて、上を向けなくなり、右手の人差し指と親指がずっと痺れていて、二日に一回は動けないほどの偏頭痛と吐き気でした。どれくらいの痛みかというと、寝違えた時の痛みを思い出してみてください。あの痛みです。どの方向に向いてもあの痛みが三百六十五日ずっと続きます。

このストレートネックはスマホが原因と言われていて、調べによると今や三人に一人がストレートネックだともいわれています。大体みんなストレートネックなんです。

僕はこの痛みにずっと悩んでいて、この時はなぜ痛いのかも分からず、どこのマッサージでも接骨院に行っても治らなくて本当に毎日しんどい日々を過ごしていました。

僕はホームページやＳＮＳアカウントの制作・運用をする会社もやっているのですが、ある日ホームページやＹｏｕＴｕｂｅの制作の依頼が来ました。

依頼してくれたのは、以前森ケの動画でちょっと話させてもらったことがある「どうも先生」です。

どうも先生を知らない人のために少し紹介すると、大阪で接骨院をされている方で、びっくりするような大きな声で、何か悪いものでもやってるんじゃないかと思うくらい目をガンギマリにさせて「どうも！」と挨拶する、東野幸治似の先生です。

ホームページを制作するために、まずその院、サービスのどこがいいのかを知ろうと思い、先生に診てもらいました。

その時僕は先生に首が痛いことも何も言っていません。

なのに、会ってすぐに「手痺れてないですか？」と僕の症状を当ててきました。

僕はそういう手口なんじゃないかと思い、「痺れてないです」ととぼけました。

すると先生は取り調べ中の刑事みたいな顔をして「そんなことないはずやけどなぁ。痺れてるはずや」と怪しそうに僕を疑うような顔で見てきます。

そして僕の体を触り、昔こんなケガしたでしょ？　胃が悪いでしょ？　肩痛めたでしょう？　こんなことあったでしょう？　と、どんどん当てていきます。

今まで行った院とは比べ物にならないくらい丁寧にいろんなことを教えてくれて、聞いてくれました。そして、絶対に治すから、今まで感じたことないくらい元気にさせるから通ってくれと言われました。


僕は一年半の間、一週間に一回必ず通いました。

東京から大阪までは新幹線で往復四万円かかります。

でも、痛いし、治したいし、先生の声デカいし、「信じて」と言うので通いました。

やはり先生の言う通りで、通うたびどんどんよくなっていって、六カ月過ぎた頃から嘘のように痛みがなくなりました。

それもそのはず。先生は頸椎(けいつい)、いわゆる首の治療の専門家、ストレートネックの専門家だったのです。

先生は機械を使った振動療法を二十五年間ずっと研究してきたそうです。振動は、

普通のマッサージや鍼(はり)とは違って、人の手で触れない深い部分までほぐすことができるといいます。また、機械を使うことで、〝ゴッドハンド〟に頼らなくても、安定して高いクオリティの施術ができます。

先生は「ケガ以外の肩こりや腰痛、体がだるいとか目がかすむとかの体の不調の原因は首にあるから、首を治せば不調はなくなる。大体ストレートネックやから。ストレートネックをちゃんと治せるのは日本で、いや世界で僕だけやから」とガンギマリの目で話してくれます。

僕は首がいつも痛くてだるくて、本当に毎日しんどくて、家族といて楽しいはずなのに、痛いから楽しさが半減する、そんな毎日でした。

それが、先生に出会ってからどんどんよくなり、全く痛みを感じなくなりました。

先生に会わなかったら今もあのままです。ストレートネックは自然に治りません。

マッサージやストレッチでは治らないし、そのままにしておくと、顔が歪んだり、皮膚が垂れ下がったり、顔が黒ずんできたり、内臓もやられていったりします。

本当に出会えてよかったと思いました。

すると先生からこんなことを言われました。

「森さん、お願いがあります。ストレートネックは現代病です。これからもっとデスクワークが増え、デジタル化されストレートネックの患者は増えていきます。でも、普通の接骨院やマッサージではストレートネックは治せません。これからの日本、いや人類にはこの治療が絶対必要なんです。この治療を広めるために力を貸してくれないでしょうか？」

ガンギマリの目で言われたら断れないし、実際僕が治っているので一番の口コミになります。断る理由もありません。

僕みたいに悩んでいる人や、これからストレートネックになって苦しむかもしれない人たちにこの治療を広めるため、先生と会社を立ち上げました。

それが「健康日常株式会社」です。人類の健康を日常にするというビジョンを掲げて、この治療を広めていきたいと思います。

健康といえば、森ケ全員がコロナになった時の動画の反響が大きかったのでその話をします。

まず、動画とか関係なく、僕もママも**ピンチはおもろい**と思っていますし、誰かが風邪をひいたらなぜかやる気が出てきます。

「風邪ひいた時は機嫌悪くて不安なのにおもしろくできてすごい」みたいなコメントがありましたが、僕たちは、子どもは風邪をひいたくらいで簡単には死なないし、何も怖がることないと思っています。

親が不安な顔をするから、子どもは不安になる。「まず笑え」と思います。

とはいっても子どもたちはしんどいだろうから、家族が風邪をひいた時に僕らがすることは、**無駄に心配しないことと、暗い雰囲気にしないこと、ここにいるよって安心させること。**

森ケでは、風邪をひいたら**学校を休めて好きな食べ物をお願いできる特別な日**にしています。そっちの方が楽しいしおもろいから。

看病をすることで愛情も伝えられる。学校を休んで長い時間一緒にいることができる。**風邪は家族にとって、関係を深めることができる大切な日**です。

一兆円を手に入れた話

昔の僕は金のことばかり考えて、考えて、考えて、ただひたすらに金のことしか考えていませんでした。金があれば幸せになれる、金があれば自由になれる。金があれば悲しい思いをしなくて済む。そう信じていました。

仕事を頑張って、月二十万円稼げるようになりました。また仕事を頑張って月五十万円稼げるようになりました。百万、二百万、三百万、一千万、一億と稼げるようになりました。

でも何も変わりませんでした。

ある日、変な夢を見ました。

ジャングルの中を流れる川に船を浮かべて、家族みんなで探検に行っていました。

すると突然、木のお面をつけて、腰には細い枝をいっぱい集めて作った腰蓑みたい

なのを巻き、弓矢を持った部族が現れて、僕以外の家族がさらわれていきました。
そいつらのアジトを見つけて、突っ込みました。
顔がイボだらけの村長らしきジジイが言います。
「返してほしけりゃ一兆円を持ってこい」

そこで目が覚めました。

その夢はやたらとリアルな夢でした。

夢って寝起きにぼんやり覚えていていつの間にか忘れてしまってる夢と、リアルで鮮明でいつまで経っても忘れない夢があると思いますが、この夢は忘れない夢でした。


起きてまずみんながいることを確認してホッとして、そしてまた横になりました。

まだ心臓がバクバクしていて、さっき見た夢を思い返しました。

イボまみれが要求してきた一兆円。

一兆円と家族どっちが大事か。

家族を選ぶのは当たり前だし普通だけど、考えずとも、一兆円より家族って言わせる家族ってすごいなって、**僕にはそんな存在ができたんだ**って思いました。

家族の代わりに何千兆、何万兆円積まれても、いらないって言います。
お金には代えられないものだから。

お金を追ったり、他に幸せの形があるんじゃないかといろいろ探したりしましたが、一兆円より大切な存在を僕はもうすでに持っていました。

この本を読んでくれている人の中にも、あの時の僕みたいに幸せを探している人がいるかもしれません。

必ずしも家族だけじゃなくて、**あなたにとって一兆円よりも大切なものは、すでに手に入っているかもしれない。**周りをよく見渡してみてください。

この本に興味を持ってくれて、買ってくれて、ここまで読んでくれて本当にありがとうございます。この話で皆さんともお別れです。

森ケのモットーは「おもしろい」です。「おもしろい」を中心に生活しています。

それは僕の考えで、昔から**おもしろい＝笑顔**だと信じています。

ＴｉｋＴｏｋやＹｏｕＴｕｂｅを始めたからではありません。

「おもしろい」の中には、楽しい、笑顔、ふざける、ハプニング……いろいろ入っています。

「おもしろい」を中心に生活をするメリットは、**笑顔が磁石となって楽しいを連れてきてくれる**こと。

家族の誰かを笑わそうとします。

笑わされた方は笑顔になります。

笑わせた方も笑ってくれて、自分も笑顔になります。


昔、おもしろいってなんなんだろう？　と考えたことがあります。

「おもしろい」の「面」は「顔」って意味だから、顔が白いということ？

僕は志村けんのバカ殿を思い出しました。

疑問に思い、調べました。おもしろいの語源は諸説ありますが、めちゃくちゃ端折って簡単に説明すると、岩に隠れてしまった神様を外に出すために、その神様の友達連中が歌や踊りで誘い出す作戦を決行したところ、真っ暗だった世界が晴れて光が差し込み、みんなの顔（面）が明るく白くなり、神様たちは手を伸ばして踊りや歌を歌った、というところから来ているそうです。「楽しい」の語源は「手伸しい」から来ているんですね。


おもしろいと楽しくなる。

おもしろいは楽しいを連れてきてくれる。


こんな家に生まれたからなのか、オクもナツもですが、カチは一歳の頃から自分か

らふざけたりして人を笑かそうとしてきます。それで人が笑うと、何回もやります。**年齢なんて関係なく、人が笑顔になるのは嬉しいんだな、人が笑ってくれるのをいいことだと認識するんだな**と思いました。

子どもたちには、**人を泣かす人より、人の笑顔を作れる人になってほしい**と心から思います。

おもしろい＝ギャグ

ギャグのある日常で、ギャグライフファミリー。

ちゃんとした英語ではないですが、ギャグのある「おもろい」楽しい日常をこれからも過ごしていきたいと思います。

それが**「森ケの日常―Gag Life Family―」**。

おわりに

森ケは非常識なので、この本に参考になるところなんてなかったかもしれません。買って後悔したと思わせたかもしれません。でもそれは買ったあなたが悪い！　自業自得です（笑）。とは言いながら、買わなければよかったとあなたを残念な気持ちにさせるのは嫌です。終わりよければ全てよし作戦でいきたいと思います。

まあでも僕みたいなやつが皆さんに偉そうに何か伝えられることはありませんし、そんな本でもありません。**僕の家族がやっていることを紹介して、その中で気持ちが楽になったり、使える考え方を見つけてもらえたりしたらいいな**と思い、書きました。

僕たち自身も悩んで考えてを繰り返していて、家族としては途中です。

でも、僕は家族のことを本気で考えて本気で思っている自信だけはあります。

そもそも家族に正解なんてない。

でも不正解はある。絶対にやっちゃいけないことっていうのがある。

それは何か？　**「愛情を与えないこと、愛を伝えないこと」**です。

逆にいうと愛情さえあればそれだけでいいと思う。

ちゃんと家族を見て、恥ずかしがらずに、言葉や態度で伝える。

仕事なんて頑張らなくていい。
人付き合いなんて頑張らなくていい。
いい親になろうとなんてしなくていい。
周りなんて気にしなくていい。
そんな時間があるなら家族を頑張れ。
子どもたちだけ、家族だけ見てればいい。

アイツらがおっきくなって、僕たちが死ぬ時に「いい家族やったな。パパとママのところに生まれてよかったな」って思ってくれたらそれでいい。
僕は親になるのをやめて、今は友達だけど、生きている間に親になれればいいなと思っています。そんな感覚でいたら楽。いい親になろうとしてカッコつけてもうまくいかないいし、しんどくなると思います。**死ぬまでに親になればいいな、くらいがちょうどいい**と僕は考えています。

ありきたりな言葉、「人生は一回しかない」。でも、この言葉を本気で自分事にした時、一回しかない人生の中で、**家族みんなで一緒に過ごせる時間なんてほんの一瞬。**その一瞬を怒って過ごすなんてもったいないし、僕自身もそんな時間にしたくない。かわいそうな思いをさせたくないから厳しくするのも分かる。それも愛です。

僕はしつけも教育も箸の使い方もフォークの持ち方も、厳しい愛すら知らない。何も知らないし、僕には何もなかった。でも、こんな僕でも家賃が払えて、ご飯が買えて、Ｕｂｅｒでタピオカが頼めて、家にはソファーもプロジェクターもある。

何もなかった僕、こんな僕でも生活ができています。こんな僕でもです。

みんなが持ってるものを何一つ持ってなかった僕が、いつ死んでもいいと思ってた僕が、全てを失ったとしても失いたくない家族を持つことができました。

生まれてきて、今まで生きてこれてよかったです。

何回も言います。人は絶対死ぬ。人生は一回きり。

あなたにとって本当に大切な人と本当に楽しい時間を見つけてください。

終わり。最後まで読んでくれてありがとうございました。

今回こんな機会をくださったKADOKAWAさん、伊藤さん、根岸さん、そして編集長、僕のわがままでたくさん待っていただき、それを受け入れてくれて本当にありがとうございました。

そしてファンのみんなへ。森ケを知ってくれて、見てくれて、コメントをくれて、森ケを好きになってくれてありがとう。僕たちも、いつもみんなの声や言葉で元気になるし嬉しくなる。ガサツでむちゃくちゃで口が悪くてうるさい、僕の自慢のヤバい、僕の大事な家族のことを、成長を、喜びを、自分のことのように一緒に喜んでくれて、悲しんでくれて本当にありがとう。

僕の自慢のヤバい家族をこれからもよろしくお願いします。お前らはもう森ケだ！Yしてる。本当に本当にありがとう。じゃまた動画で会おう！

二〇二四年五月　「森ケの日常」森ケのパシリのパパ　森三久

Profile

森 三久 MORI MITSUHISA

YouTubeチャンネル「森ケの日常」のパパ。趣味は家族。

YouTube
森ケの日常-Gag Life Family- @-gaglifefamily-1010
森ケの日常『娘』 @morikeno.musume
森ケの暴走ブラザーズ -Crazy Gag Life- @__bousoubrothers__

Instagram @morike.holiday
X(旧Twitter) @morike_gaglife
TikTok @mori.ke

僕の自慢のヤバい家族

子育ての常識を捨てたらみんなの笑顔が増えました

2024年5月27日 初版発行
2024年7月20日 4版発行

著者 森 三久

発行者 山下 直久

発行 株式会社KADOKAWA
〒102-8177 東京都千代田区富士見2-13-3
電話0570-002-301(ナビダイヤル)

印刷所 TOPPANクロレ株式会社

製本所 TOPPANクロレ株式会社

本書の無断複製(コピー、スキャン、デジタル化等)並びに無断複製物の
譲渡および配信は、著作権法上での例外を除き禁じられています。
また、本書を代行業者などの第三者に依頼して複製する行為は、
たとえ個人や家庭内での利用であっても一切認められておりません。

●お問い合わせ
https://www.kadokawa.co.jp/(「お問い合わせ」へお進みください)
※内容によっては、お答えできない場合があります。
※サポートは日本国内のみとさせていただきます。
※Japanese text only

定価はカバーに表示してあります。

©Mitsuhisa Mori 2024 Printed in Japan
ISBN 978-4-04-606340-3 C0095